Herbert-Werner Mühlroth

Eine Eisenbahn in meinem Traum

Herbert-Werner Mühlroth

Eine Eisenbahn in meinem Traum

Meine Flucht aus dem kommunistischen Rumänien

EDITION
Noack
Block

Umschlagabbildung: Ausschnitt einer Aufnahme von 1999. Die Abbildung zeigt die 1982 für die Bevölkerung gesperrte Straße zwischen der Pannonia-Mühle und den Überresten der abgebauten Ziegelei Ceramica. Am Ende der Straße befinden sich die Gleise, auf denen der Güterzug nach Jugoslawien fuhr.

ISBN 978-3-86813-025-6

Herstellung durch Edition Noack & Block in der Frank & Timme GmbH,
Wittelsbacherstraße 27a, 10707 Berlin.
Printed in Germany
Gedruckt auf säurefreiem, alterungsbeständigem Papier.
www.noack-block.de

Abb. 1: In einer Aufnahme von 1999 zeigt die Abbildung die 1982 für die Bevölkerung gesperrte Straße zwischen der Pannonia-Mühle und den Überresten der abgebauten Ziegelei Ceramica. Am Ende der Straße befinden sich die Gleise, auf denen der Güterzug nach Jugoslawien fuhr.

Inhalt

William Totok

Statt eines Vorworts: „Das Phänomen der Grenzgänger. Ein vergessenes Kapitel in der Geschichte des rumänischen Kommunismus“[1]

Im Tismăneanu-Report wird die Thematik des illegalen Grenzübertritts in den „Bereich der indirekten Verbrechen“ eingeordnet. Dennoch gemahnen die Autoren an die notwendige Aufarbeitung der Tatsachen: „Man müßte sehen, wie viele tausende Menschen verhaftet worden sind, weil sie aus Rumänien weg wollten, wie viele verurteilt wurden und wie viele gar an der Grenze oder am anderen Ufer der Donau, in Jugoslawien, ermordet worden sind.“

Juni 1999. Petrică Lăzeanu und Herbert-Werner Mühlroth besuchen Rumänien. Die beiden sind jedoch keine gewöhnlichen Touristen, die ihre Urlaubstage in dem Land verbringen möchten, in dem sie geboren wurden. Mühlroth, der jetzt in Deutschland lebt, und Lăzeanu, der in Australien wohnt, beschließen, in das Städtchen Hatzfeld, direkt an der rumänisch-jugoslawischen Grenze, zu fahren.

Hier ist es ihnen im Jahre 1982 gelungen, aus dem Himmelreich des Nicolae Ceauşescu zu flüchten.

[1] William Totok, Deutsche Welle 16.03.2009

Sie haben sich entschlossen, diesen Besuch zu dokumentieren und die Augenblicke des Wiedersehens mit dem Ort, an dem es ihnen gelungen ist, auf einen Güterzug zu springen und unverletzt auf dem Gebiet des Nachbarstaates, dem ehemaligen Jugoslawien, anzukommen und anschließend in den Westen zu gelangen, auf einer Videokassette aufzuzeichnen.

Mühlroth und Lăzeanu haben Glück gehabt. Tausende anderer Menschen, welche ebenfalls versucht haben, aus Rumänien zu flüchten, hatten weniger Glück.

Niemand kennt die genaue Zahl derer, die versucht haben, über die grüne Grenze zu flüchten, oder jener, die verhaftet und verurteilt, mißhandelt oder von den Grenzsoldaten – mit stillschweigender Billigung der Offiziere – erschossen worden sind. Zu den bekannten Fluchtmöglichkeiten zählten unter anderem der Fußmarsch – allein oder mit einem Fluchthelfer – über die grüne Grenze und das Durchschwimmen der Donau.

Über die Strategien zur Bekämpfung der Grenzübertritte sind viel zu wenige Details bekannt. So wurde beispielsweise ein Netz von Kollaborateuren eingesetzt, das – nach Securitatemethoden – aus der Bevölkerung im Grenzgebiet rekrutiert worden war, um die Tätigkeit der Grenzsoldaten zu unterstützen.

Allzu leicht wird auch über die Tatsache hinweggesehen, daß die Soldaten, welche Menschen gefoltert oder erschossen haben, die im Grenzgebiet gefangen wurden, von gewissen Erleichterungen profitiert haben; sie wurden mit Geld und Urlaub dafür belohnt. Hinterfragt werden muß auch die Rolle der Juristen, deren Aufgabe es war, die Grenzgänger in Fließbandprozessen zu verurteilen. Gleiches gilt für das bestialische Verhalten der Gefängniswärter.

Nahezu gar nichts weiß man über die Komplizenschaft der Gerichtsmediziner, denen es oblag, Todesursachen der Grenzgänger festzustellen und Spuren von Mißhandlungen zu vertuschen.

Unglücklicherweise sprechen auch die Opfer kaum über die von ihnen erduldeten Leiden. Herbert-Werner Mühlroth war Zeuge einer symptomatischen Szene, die den Alltag der Repressionen durch die Grenzsoldaten illustriert:

„1982 habe ich mich entschlossen, Rumänien zu verlassen. Ich habe nach einer Fluchtmöglichkeit gesucht und zu diesem Zweck das Gelände in der Hatzfelder Ziegelfabrik ‚Ceramica' sondiert. Als ich dort auf einer großen Betonmischmaschine stand, sah ich, wie ein Jugendlicher von einer Anhöhe aus in einen Waggon des vorbeifahrenden Güterzuges nach Jugoslawien gesprungen ist. Kurz danach hörte ich einen Schuß und der Güterzug hielt an. Ich beobachtete, wie zwei Soldaten den Jugendlichen aus dem Waggon zogen und ihn dabei beschimpften und mißhandelten. Sie traten ihn mit den Stiefeln ins Gesicht und schlugen ihn mit dem Gewehr in den Unterleib. Als sie ihn aufhoben, war er blutüberströmt. Dann brachten sie ihn zum Grenzposten, wo das Prozedere wahrscheinlich weitergegangen ist."

Unter denen, die versuchten, über die rumänisch-jugoslawische Grenze in den Westen zu flüchten, waren auch zahlreiche Ostdeutsche. Einige von ihnen wurden erschossen, wie aus Dokumenten der Behörde des Bundesbeauftragten für die Unterlagen des Staatssicherheitsdienstes der ehemaligen Deutschen Demokratischen Republik hervorgeht. So hat der Historiker Georg Herbstritt einen solchen Fall aus dem Jahr 1972 entdeckt. Damals ist ein DDR-Bürger bei Hatzfeld während eines Fluchtversuchs erschossen worden.

In einem Protokoll wird auch der Name des Soldaten erwähnt, der auf den DDR-Bürger geschossen und ihn getötet hat. Gemäß Herbstritt heißt dieser Soldat Ioan Iagă oder Ioan Jagă.

Gegenwärtig gibt es lediglich ein paar blasse Versuche der dokumentarischen Aufarbeitung der Geschehnisse, bei denen sogenannte Grenzgänger erschossen wurden. Dazu gehört das von Doina Magheți 2007 in Timişoara veröffentlichte Buch mit dem schlichten Titel „Die Grenze". Das Buch verfolgt einen dokumentarischen Anspruch, aber leider fehlt ihm der wissenschaftliche Hintergrund. Die Autorin versteift sich auf simple moralische Gesten. Ihr Ritual der Verurteilungen und der Entrüstung über die von den Grenzsoldaten begangenen Verbrechen nutzt sich rasch ab.

Die Wiedergabe der wenigen, in den vergangenen Jahren dokumentierten Zeugnisse ist unbefriedigend und kann das komplexe Phänomen der Grenzgänger, das die gesamte Geschichte des rumänischen Kommunismus begleitet hat, nicht umfassend beleuchten. Dieses Phänomen stellte eine konstante Präsenz in der rumänischen Gesellschaft dar und nahm unterschiedliche Intensitäten an, in welchen sich indirekt auch der Grad der Akzeptanz oder der Ablehnung des politischen und ökonomischen Systems durch eine bestimmte Schicht der Bevölkerung widerspiegelte.

Einen weiteren Versuch der Vergangenheitsbewältigung stellt das Buch „Die Gräber schweigen. Berichte von der blutigsten Grenze Europas“ dar, das 2008 in Deutschland im Verlag Gilde & Köster erschienen ist. Die Autoren Johann Steiner und Doina Magheți haben in ihr Buch auch einige jener Zeugnisse aufgenommen, die Doina Magheți bereits 2007 in Rumänien veröffentlicht hat.

Steiner und Magheți stellen fest, daß zu wenige Archivquellen zur Verfügung stehen. In den wenigen zugänglichen Dokumenten haben sie jedoch eine Statistik gefunden, aus der hervorgeht, daß allein zwischen 1980 und 1989 16.000 Menschen versucht hatten, Rumänien auf illegalem Wege zu verlassen. 12.000 dieser Grenzgänger wurden gefasst; 4.000 Menschen ist es gelungen, die Grenze zu überwinden.

Zwei Jahrzehnte nach dem Zusammenbruch des Kommunismus ist das Phänomen der Grenzgänger leider noch immer ein Tabuthema.

(Übersetzung durch den Autor)

Einleitung

Mit dem beträchtlichen zeitlichen Abstand von 32 Jahren ist es mir endlich gelungen, den Bericht über meine Flucht 1982 mit dem Güterzug aus dem kommunistischen Rumänien zu verfassen. Unverzichtbar waren mir dabei die sechzehn doppelseitigen, handgeschriebenen Notizen, die ich ungefähr zwei Monate nach der Flucht niedergeschrieben habe. Ohne diese hätte ich die näheren Umstände meiner damaligen Flucht nicht mehr rekonstruieren können. Ich hatte diese Notizen verfaßt, zum einen, weil ich das verarbeiten wollte, was ich erlebt hatte, zum anderen, um es nicht zu vergessen.

Anschließend habe ich diese Notizen 32 Jahre lang aufbewahrt oder besser: mit mir, expressis verbis, herumgeschleppt. Sie haben jeden Umzug mitgemacht, und sie fristeten nahezu 30 Jahre lang ein „Schattendasein“. Vor zwei Jahren habe ich sie zufällig in einem Ordner mit der Überschrift „Unerledigtes“ wiederentdeckt und in die unterste Ablage meines Schreibtisches gelegt, nur um sie dann wieder zu „vergessen“.

In dieser Zeit habe ich dann mit meiner Frau die komplette Sanierung eines alten Schleswig-Holsteinischen Bauernhauses in Angriffe genommen, um uns eine Heimat zu verschaffen. Diese Tätigkeit hat insgesamt fünf lange Jahre Bauzeit in Anspruch genommen. Dabei waren die letzten zwei Jahre derart intensiv, daß sie alles von uns abverlangten. Als die Fertigstellung des Hauses endlich in Aussicht war, faßte ich den Entschluß – gewissermaßen als Ausgleich zu der geistig sehr einseitigen Bauzeit – ein Buch zu schreiben.

Ich hatte bereits die Struktur meines neuen Buches im Kopf. Doch dann fing ich, zwei Monate vor dem Umzug und noch in der alten Wohnung, an, aus einem inneren Antrieb heraus über die Vorgeschichte meiner Flucht zu schreiben. Dies zog mich so sehr in den Bann, daß mir klar wurde: Jetzt endlich mußt du dich diesem Thema stellen, sonst wirst du es niemals mehr tun!

Nun war mir klar, daß ich mich an das Projekt wagen mußte. Das Entscheidende für mein Vorhaben stellten die Notizen von 1982 dar. Jedoch konnte ich diese plötzlich nicht mehr finden. Vor und nach dem Umzug durchforstete ich alle Ordner, die ich seit meiner Studienzeit angelegt hatte (es waren sehr, sehr viele). Ich stellte alles auf den Kopf, jedoch erfolglos. Dann, als ich die Hoffnung längst aufgegeben hatte, entdeckte ich sie zu meiner unbeschreiblichen Erleichterung. Sie waren in der untersten Ablage meines Schreibtisches.

Wenn man mich fragt, warum ich nach einer solch langen Zeit die Geschichte meiner Flucht aufschreiben möchte, dann antworte ich zum einen: Weil ich es früher einfach nicht gekonnt hätte. Jeder, der aus Rumänien geflohen ist, wird mir bestätigen, daß die Flucht über die grüne Grenze nach Jugoslawien oder auch Bulgarien ein traumatisches Erlebnis darstellt, über das man erst nach geraumer oder erst nach langer Zeit oder aber auch gar nicht hinwegkommt. Und dies auch, wenn die Flucht letzten Endes erfolgreich verlaufen ist.

Ich hatte nach meiner Flucht ein ganzes Jahr lang Alpträume. Mal ging es positiv aus, meistens aber nicht. Wie in einer Endlosschleife beschäftigte ich mich in meinen Träumen pausenlos mit meiner Flucht. Mit einem Male aber hörten die Alpträume glücklicherweise auf. Zum anderen: Die Geschichte der Fluchtversuche aus Rumänien ist immer noch weitgehend unbekannt. Zwar sind nach der Veröffentlichung des angeführten Beitrages von William Totok einige wichtige Bücher zum Thema Flucht aus Rumänien erschienen, jedoch ist mir bisher kein Bericht über eine Flucht mit dem Güterzug über Hatzfeld bekannt. Auch deshalb versuche ich nun, diese Lücke zu füllen.

Ich wollte mal die Geschichte der Flucht eines Vierzehnjährigen Deutschen aus Ostpreußen 1945 verfassen. Alle Interviews mit dem Geflüchteten liefen planmäßig. Bis wir zu dem Augenblick der Wahrheit kamen: der Flucht. Der alte Mann erzählte heiter Anekdoten über Anekdoten, doch als es um die entscheidenden Fragen ging, stockte er und versuchte, mit allen Mitteln davon abzulenken. Nach einer Zeit wurde mir klar, daß er dies unbewußt tat. Als ich meine eigenen, handgeschriebenen

Notizen digitalisieren wollte, um meinen Bericht schreiben zu können, ging auch alles soweit gut, bis ich zu dem entscheidenden Moment kam. Ab da war es mir selbst nicht mehr möglich zu schreiben, und nur mit großer Mühe gelang es mir, meiner Frau die Notizen zu diktieren. Meine Frau hatte für mein Verhalten großes Verständnis – vielleicht auch, weil sie die Tochter des interviewten ostpreußischen Flüchtlings ist. Ich verstehe jetzt die Traumatisierung ihres Vaters besser, da ich mit der meinigen auch nicht besser umgehen konnte.

Wir müssen uns unserer eigenen Geschichte stellen. Der vorliegende Bericht entstammt meiner persönlichen Erinnerung an die Geschehnisse, die vor 32 Jahren stattgefunden haben.

Im Hatzfelder Krankenhaus

Mitte Juli 1981. Ich lag mit Hepatitis B im Hatzfelder Krankenhaus. Ich konnte immer noch nicht behandelt werden, da ich auf die Medikamente wartete, die ich von unseren Verwandten in der Bundesrepublik Deutschland zugeschickt bekommen sollte. Sieben Tage lag ich da, ohne daß mich ein Arzt gesehen hat. Dann ging mein Vater zum Stationsarzt und gab ihm 700 Lei. Daraufhin untersuchte er mich endlich. Ich erinnere mich noch an eine Tafel Schokolade der Marke Milka, welche als Bestechungsinstrument bereits so viele Runden gedreht hatte, daß die Verpackung deutlichen Abrieb aufwies und die Schokolade innen mehrfach gebrochen war.

Ich hörte gerade den in Rumänien verbotenen Sender Radio Freies Europa. Es waren die Charts von RFE. Ich weiß noch: Auf Platz 3 war George Harrison mit „All those years ago“, auf Platz 1 war Kim Carnes mit „Bette Davis Eyes“, ein Lied, das mir damals trotz meiner AC/DC-Dominanz sehr gut gefallen hatte. Hans näherte sich meinem Fenster und sagte die Worte, an die ich mich heute noch deutlich erinnere: „Verdammt, also doch nicht in diesem Jahr. Und noch ein gutes halbes Jahr warten, wenigstens!“ Was er damit meinte, war unsere gemeinsame Flucht aus dem damaligen Rumänien, die wir kurz nach meinem 18. Geburtstag, also der Erreichung der Volljährigkeit geplant hatten. Ich antwortete: „Ja, das müssen wir wohl.“ Ganze fünf Wochen verbrachte ich damals im Krankenhaus. Danach mußte ich mich körperlich erst einmal erholen.

Doch wie hat alles angefangen? Im Sommer 1977 hatte ein Freund den Gedanken an die Flucht zum ersten Mal thematisiert. Keiner hatte bis dahin diesen Gedanken auszusprechen gewagt. Bei allen Beteiligten merkte man jedoch, daß da ein Thema angestoßen wurde, das alle insgeheim beschäftigt hatte.

Flucht über die grüne Grenze war ab Mitte der 1970er Jahre in dem Städtchen Hatzfeld, das nur fünf Kilometer an der Grenze zu Jugoslawien liegt, an der Tagesordnung. Es gab keine Woche, in der man nicht von gelungenen oder mißlungenen Fluchtversuchen hörte. Man flüchtete auf jede nur erdenkliche Weise: Zu Fuß über das Feld, schwimmend über die Donau, mit Fluchthelfer oder ohne und auch mit dem Güterzug. Einmal wurde die Rangierlok geklaut und für eine Fahrt in die Freiheit benutzt. Es waren mehr als zehn Leute, die damit über die Grenze nach Jugoslawien fuhren. Danach wurde die Rangierlok an die Gleise gekettet: Eine riesige Kette wurde durch das rechte Vorderrad gezogen und an einer Weiche festgemacht.

Einer von uns gab zu bedenken, daß Minderjährige von den Serben zurückgegeben werden. Dies war ein ernstes Problem, denn Hans und ich waren damals 14 Jahre alt. Die Jugos haben Minderjährige wieder zurückgeschickt.

Außerdem wußte man ja auch nie, wie die Jugos gerade aufgelegt waren: Mal schickten sie zurück, und mal ließen sie durch. Dies stellte einen hohen Risikofaktor dar, der jedoch nicht auszuschließen war. Hans und ich warteten seitdem nur noch darauf, daß wir volljährig würden, damit wir dieses Land verlassen könnten, in dem wir keine Zukunft für uns sahen.

Unzählige Abende verbrachten Hans und ich damit, uns zu überlegen, welcher Fluchtweg der sicherste sein würde. Wir hielten die Sache so geheim, daß keiner auch nur auf die Idee gekommen wäre, was wir vorhatten. Hans hatte die Idee, mit dem Güterzug zu flüchten. Damit gelang damals vielen die Flucht. Die Erfolgsquote bewog uns dazu, diesen Fluchtweg für uns auszuwählen und zu konkreten Planungen überzugehen.

Es war 1980, bei der Kirchweih. Eine beträchtliche Anzahl von deutschen Jugendlichen, Jungs und Mädels, hatten sich bereits ein Jahr davor zusammengetan und wollten die „Kerwei", die Feier der Weihe unserer Katholischen Kirche „Sankt Wendelin", die von den Kommunisten vor gut 18 Jahren abgeschafft worden war, wieder ins Leben rufen. Zur Kirchweih gehörte es natürlich dazu, daß man am Sonntag zum Hochamt in die Kirche geht. Ein Jahr zuvor hatten die „Geldherren" (das waren sozusagen die Anführer der Truppe) die Wiederauferstehung der Kerwei durchgesetzt. Offenbar hatten sie die Parteikader überlistet, und wir konnten ins Hochamt gehen. Die Parteibonzen hatten wohl nicht damit gerechnet, daß wir das tun würden. Wir waren über zwanzig Paare, und wir spürten, daß wir da etwas losgetreten hatten. 1980 genehmigte die Stadtverwaltung die Veranstaltung unter der Bedingung, daß wir nicht zum Hochamt in die Kirche gingen. Wir aber, also alle Teilnehmer, bestanden jedoch entschlossen darauf, daß wir am Sonntag zum Hochamt in die Kirche gehen würden. In diesem Falle drohte man uns, daß man uns keinen Saal zur Verfügung stellen würde. Wir entschieden: Dann feiern wir eben auf der Huttwed (Wiese). Eine solche Geschlossenheit, Entschlossenheit und einen solchen Mut wie damals unter den Kerweipaaren habe ich im damaligen Rumänien nur dieses eine Mal erlebt. Schließlich durften wir doch ins Hochamt.

Dieses Erlebnis bestätigte meine innere Haltung: Man muß sich wehren, man darf nicht alles hinnehmen, nur weil man das von uns erwartete. Kurzum, ich hatte auch dadurch Mut dazugewonnen, „Nein" zu sagen in einem totalitären System, das einem die Luft zum Atmen abgeschnürte.

Der Entschluß von Hans und mir, aus Rumänien zu flüchten, stand bereits zu dieser Zeit fest. Tatsache ist, daß dieser Entschluß aus einer inneren Notwendigkeit heraus erfolgt ist. Den anderen gegenüber suchte ich den Eindruck zu erwecken, daß ich nicht im geringsten daran denke zu flüchten. „Wer? Ich doch nicht!" Und so waren alle um mich herum davon überzeugt, daß ich der Letzte wäre, der auch nur einen Gedanken an die Flucht verschwenden würde. Und das war gut so. Denn im Nachhinein hieß es: „Was, Herbert ist geflüchtet? Das hätte ich nie im Traum gedacht. Er hat doch immer so gesprochen, als ob er damit nichts zu tun haben will."

Der erste Kontakt

Wie ist es dazu gekommen, daß ich den Entschluß zur Flucht gefaßt habe? Um diese Frage für mich zu beantworten, muß ich einen Blick auf mein Leben werfen, das zuvor stattgefunden hatte. Also fange ich von vorne an: Ich war fünf Jahre alt, als ich zum ersten Mal alleine auf die Straße ging. Ich habe Rumänisch erst auf der Straße gelernt. Viele Häuserwände waren mit Kreide-Graffitis verschmiert. Die Rumänen hatten die Angewohnheit, die Bezeichnung der Geschlechtsteile an zahlreiche Häuserwände und Mauern zu schmieren. Ich rätselte damals, was diese Worte bedeuten könnten. Mein sieben Jahre älterer Cousin erklärte es mir. Ein paar Rumänen und Roma lauerten mir an der Ecke bei der SMT, der Station für Maschinen und Traktoren, auf. Sie waren so um die zehn. Sie verfolgten mich und kreisten mich schließlich ein. Es gab kein Entkommen. Sie schleppten mich auf das Gelände des Kindergartens und banden mich dort mit einem Strick an einen Baum. Dann fingen sie an mich zu beschimpften. Ich hörte Worte wie „Neamţule!" „Neamţ cotofleanţ!" (pejorativ für Deutscher) oder auch „Hitler!" Sie schlugen immer wieder auf mich ein. Die Schläge, soweit ich ihre Sprache und Gesten interpretierte, sollten „Warnungen" für mich sein.

Ich wußte damals noch nicht, wer Hitler gewesen war. Ich empfand es als seltsam, daß man mich als „Hitler" bezeichnete – womit man offensichtlich ein Feindbild verband, das man zu meiner völligen Überraschung mit meiner Person identifizierte. Später bekam ich mit, daß im Fernsehen sehr viele russische Filme liefen, in denen die Nazi-Deutschen als abstoßende Barbaren dargestellt wurden. Die Angreifer drohten mir auf Rumänisch, aber ich verstand sie nicht. Ich verstand jedoch sehr gut, daß sie mir feindlich gesinnt waren. Sie schlugen mich weiter und hoben dann den Zeigefinger und lächelten dabei. Es gelang ihnen, mir deutlich zu machen, daß ich jedesmal, wenn ich ihnen begegnete, sie zu grüßen habe und ihnen Geld geben muß, wenn sie es von mir verlangten.

Dieser erste Kontakt ist mir bis heute in Erinnerung. Und das anfangs unbegreifliche Phänomen, daß ich ein Feindbild für viele Rumänen und Roma darstellte, hat mich bis zum Zeitpunkt meiner Flucht begleitet. Angst mußte man für gewöhnlich vor ihnen jedoch nicht haben, wenn sie einem einzeln begegneten. Wenn sie jedoch zu zweit oder zu dritt waren, dann fühlten sie sich stark, und dann hieß es: Rennen. Es gab die stadtbekannten Schlägertypen wie Măgădan, Rîla und Şola, gegen die mich mein ehemaliger Zimmergenosse im Hatzfelder Krankenhaus beschützte, als sie mir an einem Nachmittag vor dem Kino mein Geld abnehmen wollten (er war Halb-Deutscher und Halb-Roma) und aufstrebende Schläger wie Geambazu und Iorgoaia, die sich einen Namen machen wollten. Daneben gab es auch talentfreie Imitatoren oder Plagiatoren, die etwa in meinem Alter waren, wie Coşa, Ţangane oder auch derjenige, den ich „Mutră de gorilă“ („Gorillafratze“) taufte, die uns immer wieder Scherereien machten und uns andauernd schikanierten.

Als ich bei einer Beerdigung als Ministrant vor dem Leichenzug herging und das Kreuz bis zum Friedhof trug, trat Mutră de gorilă andauernd an mich heran, beschimpfte mich und drohte mir Prügel an. Er verfolgte mich auf diese Weise etwa zwei Kilometer weit, bis wir beim Friedhof angekommen waren. Ich fand es sehr lästig, daß Mutră de gorilă immer wieder an mich herankam und mich beschimpfte – noch dazu bei einem Leichenzug. Da ich jedoch das Kreuz trug, konnte ich nichts dagegen tun. Als die Beerdigung beendet war und das von Pfarrer Sauer Mischi bestellte Taxi vor dem Friedhofseingang anhielt, kam Mutră de gorilă noch einmal auf mich zu und fuhr mit seinen Beschimpfungen fort. Da hatte ich endgültig genug. Ich sah mich kurz um, machte eine weite Ausholbewegung mit dem Kreuz (wie beim Hammerwurf) und applizierte Mutră de gorilă das Kreuz auf sein Kreuz. Mutră de gorilă ging vor Schmerzen in die Knie. Ende der Verfolgung. Der Pfarrer kam, und wir stiegen ins Taxi ein, während Mutră de gorilă sich von seinen Schmerzen zu erholten versuchte.

Silvester 1981 feierten Hans und ich mit mehreren deutschen Freunden in der Slavici-Kreuzgasse. Um etwa zwei Uhr morgens flog ein Ziegelstein mit einer derartigen Wucht durch das Fenster, daß der Fensterstock zerbrach.

Wir sahen uns nur kurz an und rannten sofort auf die Straße. Es waren fünf, die wegrannten. Ich rannte ihnen als erster hinterher und riß sie alle zu Boden. Diejenigen, die mir gefolgt waren, behandelten die zu Boden Gerissenen nicht gerade zimperlich.

Mein damaliges Leben war permanent von solch unangenehmen Episoden begleitet. Das hörte erst auf, als ich aus Hatzfeld weg war. Ich mußte vor ihnen wegrennen, wenn ich ihnen alleine begegnete. Das war kein Problem für mich, da ich voll im Training war. Wenn sie alleine waren, dann waren sie unglaublich feige. Tatsache ist, daß sie mir das Leben zur damaligen Zeit sehr erschwert haben. Bis heute begreife ich deren Motivation nicht ganz.

Inschinör

Mit sechs Jahren wurde ich zusammen mit meinem Cousin Klaus in der Schule in der Dojagasse eingeschult. Es war eine unangenehme Zeit. Die meisten waren älter als ich, und ich hatte so gar keine Beziehung zu dem, was man uns beibringen wollte. Nach sechs Wochen wurde ich glücklicherweise davon befreit. Die Ärztin hatte einen Verdacht auf Rheuma bei mir festgestellt. Hinzu kam, daß ich kurze Zeit später von unserem Nachbarshund gebissen wurde. Der Hund hatte sich von seiner Kette losgerissen. Ich stand an der Hausmauer zusammen mit der Großmutter von Peter, dem Nachbarsjungen. Der Hund kam plötzlich auf uns zu. Die Großmutter sagte: „Rühr dich nicht, dann tut er dir nichts!“ Ich drückte mich an die Hauswand. Der Hund von der Größe eines Schäferhundes trottete langsam heran, und als er bei mir angekommen war, drehte er geschwind seinen Kopf zu mir hin und biß mich in die Wade. Ich mußte daraufhin sofort wegen des Verdachts auf Tollwut ins Krankenhaus und bekam zahlreiche riesige und schmerzhafte Spritzen in den Bauch. Die angenehme Folge davon jedoch war, daß ich nicht mehr zur Schule mußte.

Ich verbrachte gut zwei Wochen im Krankenhaus und wurde danach wieder in den Kindergarten geschickt. Da in der deutschen Abteilung kein Platz mehr frei war, wurde ich in die rumänische verbracht. Dort war ich gezwungen, Rumänisch zu sprechen, und ich lernte die Sprache sehr schnell. Die zehn Monate, die ich im rumänischen Kindergarten verbracht habe, sollten sich für mein weiteres Leben als sehr nützlich erweisen. Das erste Mädchen, in das ich mich verliebte, war Felicia. Ein hübsches Mädchen mit gebräunter Haut und dicken schwarzen Zöpfen. Sie trug ein weißes Haarband, was im damaligen Rumänien für Mädchen Pflichtveranstaltung war.

Mit sieben kam ich erneut in die erste Schulklasse. Meine Großmutter wachte wie ein Schutzengel über mich, da meine Eltern beide arbeiteten und ich den Hausschlüssel am Halse trug. Sie fing meine zukünftige Lehrerin, Erna Prinzinger, auf der Straße ab und stellte mich ihr vor. Meine Großmutter sprach sehr gut von mir, und es hatte den Anschein, daß sie der Lehrerin eine besondere Fürsorge für mich nahelegte.

Die Schule war für mich eine sehr angenehme Sache. Zu Beginn war ich mit der Älteste und körperlich der Größte. Das Lernen fiel mir leicht und machte mir sehr viel Spaß. Als ich lesen konnte, bin ich in die Städtische Bücherei gegangen und lieh mir immer zehn bis fünfzehn Kinderbücher aus. Die Bibliotheksangestellten wunderten sich über mich und übergaben mir einmal sogar einen Preis für den besten Leser. Einige Zeit später wagte ich mich dann in die Erwachsenenabteilung. Dort entdeckte ich in den Werken von Stefan und Arnold Zweig eine unbekannte und faszinierende Welt. Es war eine Welt, die ich so gar nicht in unserem damaligen sozialistischen Alltag wiederfinden konnte. Es war eine Welt von Freiheit und Abenteuer, von Möglichkeiten und Verwirklichungen. Sie bewirkte bei mir eine nachhaltige Öffnung, die sich jedoch erst einmal unter der Kruste des real existierenden Sozialismus verbergen mußte.

Meine schulischen Leistungen waren dazu angetan, mir eine sehr angenehme Position zu verschaffen. Kurzum, alle waren mit mir zufrieden, und man machte mir keine Probleme. Ich konnte mich damals in meiner kindlichen Welt noch frei entwickeln. Die Schule war auf der gegenüberliegenden Straßenseite, und ich ging gerne hin. Einmal sollte ich ein weißes Taschentuch mitbringen. Es sollte genäht werden. Ich hatte es vergessen. Daher ging ich kurzerhand über die Straße nach Hause und suchte ein Taschentuch. Da ich keines fand, schnitt ich eines aus einem Bettlaken heraus. Der Ärger, den ich dadurch bekam, hielt sich in Grenzen. Auf Anfrage der Lehrerin definierte ich meinen damaligen Berufswunsch als „Inschinör", einfach weil mich dieses Wort, auch wenn ich es nicht richtig wiedergeben konnte, fasziniert hatte. Dabei war es für mich nicht so sehr die unbeholfene Wiedergabe dieses Wortes, als vielmehr dessen Klang. I-n-g-e-n-i-e-u-r, auf Französisch ausgesprochen: En-schi-nör. Dies faszinierte mich ebenso wie ein britischer Schlachtkreuzer, der „Shakespeare" hieß.

Deformationen

Wir mußten alle Pioniere werden: Dies war die Vorgabe der Kommunistischen Partei. Unsere Schulkasse wurde in vier Pioniergruppen (Detachements–detaşamente) eingeteilt. Man wählte mich zu einem der vier Gruppenführer (Comandant de detaşament). Dies bedeutete, daß ich ein Viertel der Klasse zu „kommandieren" hatte, wenn es Pionierversammlungen gab. Dann mußten wir uns neben den Bänken aufstellen, und es fanden dann Dinge statt, die so blödsinnig waren, daß ich mich im Nachhinein gar nicht mehr an sie erinnern möchte: Singen und aufgeblähte protokollarische Berichte über „Erfolge, die zum Sieg des Kommunismus führen werden". Man vermittelte uns damals ein völlig im Sinne des sozialistischen Rumäniens überarbeitetes Geschichtsbild, an das ich jedoch lange Zeit geglaubt habe. Kurzum, man manipulierte uns nach Strich und Faden. Im Nachhinein stellte ich fest, daß man als politische Führung doch sehr dumm sein muß, wenn man annimmt, daß diese schwerwiegende Manipulation der Jugend wirklich erfolgreich sein könne. So hieß es beispielsweise, daß die rumänischen Soldaten im Zweiten Weltkrieg auf ihre sowjetischen Freunde mit Strohkugeln aus ihren Kanonen geschossen hätten.

Ab der fünften Klasse hatte ich einen Geschichtslehrer, der mir mein Buch aus Deutschland „Griechische Sagen" abgeluchst hatte. Ich hatte das Buch von der Patentante meiner Mutter zu Weihnachten bekommen. Dieser Lehrer war für mich damals sehr wichtig. Er sprach begeistert von der „Partei“ und vom Kommunismus. Ich verfiel völlig seinem Bann. Durch ihn wurde ich zu einem „glühenden Kommunisten“. Ich ging mit Begeisterung in die haarsträubenden Propagandafilme wie „Bumbeşti-Livezeni“ (dies sind die Namen zweier rumänischer Städte), die für uns eine Pflichtveranstaltung waren. Im Film wollten einige, die nicht ganz der Gehirnwäsche verfallen waren, von einer mörderischen Baustelle flüchten, da der Kommunismus große Opfer bis zu seinem Sieg erforderte, darunter auch Menschenleben. Eines Nachts, als ihre Flucht stattfinden sollte, lauerte ihnen die gesamte Mannschaft der Arbeiter auf. Und während sich jene von der Baustelle entfernten, skandierten die Arbeiter unentwegt: „Bumbeşti-Livezeni, Bumbeşti-Livezeni“, so lange, bis die Abtrünnigen, von ihrem schlechten Gewissen geplagt, umkehrten und johlend von der Masse gefeiert wurden. Filmästhetisch war dies die Apotheose des Realsozialismus. Und sie war grottenschlecht.

Geschichte war schon längst mein Lieblingsfach. In der damaligen Zeit hatte ich nicht viele Möglichkeiten, um das zu überprüfen, was wir vorgesetzt bekamen. Aber mein Vertrauen in unseren Geschichtslehrer war damals groß. Dennoch entschied ich mich, meine eigenen Untersuchungen durchzuführen. In Ermangelung anderer Möglichkeiten entschied ich mich, systematisch alle Filme im Kino zu verfolgen, welche die rumänische Geschichte thematisierten. Begeisterung hin oder her – aber ich mußte der Sache auf den Grund gehen. Es war wohl der Ansatz eines leisen Zweifels vorhanden, der mich dazu trieb.

Ich ging also in jeden rumänischen Geschichtsfilm, und es gab damals zahlreiche davon. Da wurden die wallachischen und moldawischen Fürsten wie Ştefan der Große, Mircea der Alte, Mihail der Tapfere, Vlad Ţepeş (Dracula) sowie die dakischen Anführer Burebista und Dezebal verherrlicht, um eine nicht vorhandene Größe des rumänischen Volkes herbeizureden. (Eine Nation, das muß ich im Nachhinein sagen, die 500 Jahre von dem Osmanischen Reich unterdrückt wurde, leidet verständlicherweise auch unter diesen Folgen). Im kommunistischen System mußte demnach ALLES instrumentalisiert werden, was dem Gedanken des Nationalkommunismus zu dienen in der Lage war.

Ich erinnere mich an die lange Ahnenreihe auf dem Korridor des Hatzfelder Lyzeums von Porträts rumänischer Fürsten. Eine Reihe von etwa fünfzehn Fotos und Gemälden, an deren Ende der Führer Ceauşescu (Conducător) stand. An deren Anfang stand der Dakerfürst Burebista. Da es von diesem jedoch kein Porträt gab, wurde ein gepinseltes Phantasieporträt aufgehängt, das sich an dem Bildnis von Dezebal orientierte, welches sich auf der römischen Traiansäule befindet.

Ich machte mir in jedem Film akribisch Notizen. Im Nachhinein arbeitete ich diese auf und verglich sie mit der Materie, die man uns unterrichtete. Ich konnte jedoch nichts Widersprüchliches finden, und so blieb ich einstweilen ein begeisterter Kämpfer für den Kommunismus. Ich war damals elf Jahre alt. Ich plädierte zu Hause glühend für die Errungenschaften des Sozialismus und übernahm dabei die propagierten Geschichtslügen Eins-zu-eins.

Derlei hanebüchenen Dinge gab es zu dieser Zeit en masse. Der gesunde Menschenverstand zweifelt sofort daran, wenn man ihm Derartiges vorsetzt. Der Zweifel ist mir natürlich nicht entgangen, aber er wurde übertüncht durch die Ideologie, die wie eine Gehirnwäsche funktionierte. Unfaßbar, mit welch billigen Mittel und Methoden man glaubte, die Jugend für die Ideale des Kommunismus gewinnen zu können. Offenbar hatte man es in Kauf genommen, manipulierte Marionetten wie auf einem Schachbrett hin- und herzuschieben, denen man die Wahrheit vollkommen vorenthält, weil man ansonsten über keine Argumente verfügte. Was für ein mieses und miserables System, das auf solche Methoden angewiesen ist und seine Jugend dafür aufopfert, damit das System obsiegt. Ich brauchte meine Zeit, bis ich das erkennen konnte.

Abkehr und Freundschaft

In der sechsten Klasse wurde meine glühende Begeisterung für den Kommunismus meinem Vater zu viel. Auf seine sanfte und ruhige Art teilte er mir mit, daß „eine Medaille zwei Seiten“ habe und daß „der Schein trügt“. Er sagte noch nicht einmal, daß die Rumänen lügen, er sagte mir nur: „Du mußt darauf achten, daß es bei dieser Sache noch eine zweite Seite gibt!“ Und er gab mir einige Beispiele, aufgrund derer sich mein fanatischer Glaube mit einem Male auflöste und als Hirngespinst darstellte.

Die Unaufgeregtheit, die mein Vater dabei an den Tag gelegt hatte, empörte mich zunächst, da ich all meine Idole in Frage gestellt sah; dann aber verleitete sie mich doch zum intensiven Nachdenken. Diese Sache hatte tatsächlich noch eine zweite Seite. Es war für mich wie ein Aufwachen aus einem ferngesteuerten Traum. Plötzlich sah ich klar vor Augen, daß man uns mit infamen Lügen eindeckte, daß man uns um die Wahrheit betrügen wollte, ja, daß man uns um unser Leben betrügen wollte. Als ich dies mit einem Male erkannte, wollte ich mit dem kommunistischen System nichts, aber auch gar nichts mehr zu tun haben. Ich fühlte mich schwer betrogen, hatte ich doch bis dahin alle Hoffnungen darein gesetzt, dem Kommunismus zum Sieg zu verhelfen. Als ich nun aber die Schwere des Betruges deutlich erkannte, war ich von starken Rachegefühlen erfüllt. Es war der frühe Schock meines Lebens. Ein naives Kind glaubt der Ideologie, die man ihm vorsetzt. Dann kommt der Vater und rückt dies zurecht, weil er merkt, was die Ideologie bei seinem Sohn bereits angerichtet hat. Infolgedessen bricht der Sohn endgültig und vollkommen mit dem System.

Wenig später standen die Neuwahlen der Pionierversammlung in der sechsten Klasse an. Ich war immer noch Detachementskommandant. Ich sagte zu meiner Gruppe: „Wer mich abwählt, der bekommt von mir ein Eis." Hans gehörte auch dazu, der fand das lustig. Die Klassenlehrerin war sehr erstaunt über das, was dann stattfand. Sie versuchte einzugreifen, aber es fand sich glücklicherweise eine Mitschülerin, welche dieses Amt liebend gerne bekleiden wollte. Ich schätzte mich sehr glücklich, das Amt losgeworden zu sein und war auch sehr zufrieden mit dem Erfolg meiner Aktion. Fortan war ich von den Aufgaben entbunden, die mir zum Greuel geworden waren.

In der Folge änderte ich jedoch mein gesamtes Verhalten. Ich verfolgte nicht mehr das Ziel, Klassenbester zu werden, und die Zensuren wurden mir mit einem Male egal. Ich hätte die Chance gehabt, in der fünften Klasse Klassenbester zu werden. Aber aufgrund dessen, was mir mein Vater erzählt hatte, ist mir dies gleichgültig geworden. Es gab damals in der Klasse ein Plakat mit Rakete, Flugzeug, Auto, Traktor (wenn ich mich recht erinnere) und Krebs. Dieses sollte die Leistungen aller Schüler widerspiegeln und jederzeit transparent machen. Ich war damals eine Rakete und „am Drücker". Dann kam die Geschichte mit dem Zellkern, den wir bauen sollten. Schwer erschüttert durch die Einflußnahme meines Vaters versuchte ich dennoch, mir den besten Notendurchschnitt zu sichern. Es waren nur drei Zellkerne, welche die Norm erfüllten, ins Biologielabor übernommen zu werden. Diese bekamen die Note 10. Mein Zellkern bekam jedoch nur die Note 9. „Was soll's", sagte ich mir, dann bin ich eben nicht Klassenbester. Und ich trat mit einem herzhaften Tritt auf meinen Zellkern. Die Klassenlehrerin wollte dann auch noch die Zellkerne mit der Note 9 einsammeln, weil nicht genügend mit der Note 10 vorhanden waren.

- „Mühlroth, wo ist dein Zellkern?"

- „Im Mülleimer!"

- „Wie das?"

- „Ich habe auf ihn draufgetreten und ihn dann in den Mülleimer getan."

- „Das ist ja ungeheuerlich. In der nächsten Stunde bringst du mir einen neuen Zellkern. Und für das, was du getan hast, gibt es jetzt die Note 4 und ein Eintrag, den deine Eltern unterschreiben müssen."

Ich zeigte den Eintrag meiner Mutter, und sie zeterte mit mir rum. Aber einen neuen Zellkern hatte ich nicht vor zu bauen. In der nächsten Biologiestunde hieß es dann wieder:

- „Mühlroth, wo ist dein Zellkern?“

- „Ach ja, der Zellkern. Ich habe ihn vergessen.“

- „Dann bekommst du jetzt eine 3 und wehe, wenn du ihn nicht in der nächsten Stunde parat hast.“

In der nächsten Stunde hatte ich natürlich keinen Zellkern parat und kassierte bereitwillig noch eine 3. Und danach noch eine 3 (sowas wie eine sechs minus). Bis es der Lehrerin zu viel wurde und sie aufgab.

Seit der Aufklärung durch meinen Vater war ich dem kommunistischen System feindlich gegenüber eingestellt. Ich fühlte mich vollkommen betrogen und haßte das System für das, was es aus mir machen wollte. Und das mit einem von der „mitwohnenden Nationalität“ („naționalitate conlocuitoare“) der deutschen Minderheit, die den Rumänen faktisch nicht gleichgestellt war. Das konnte ich bei einem schulinternen Geschichtswettbewerb in der sechsten Klasse erleben. Es war eine Art Ratespiel über Fragen der rumänischen Geschichte, bei dem ich mich für das Finale qualifizierte. Mein Gegner war kein Geringerer als Genosse Pascu, der Pionierkommandant der gesamten Schule – und: ein Rumäne. Ich beantwortete alle Fragen richtig, und dann kam er dran. Er machte einen Fehler. Normalerweise wäre ich der Gewinner gewesen. Aber dann wurde die Frage annulliert und stattdessen eine furchtbar einfache gestellt. Am Ende war dann Pascu der Sieger, und alles hatte seine Richtigkeit. Wo kämen wir denn hin, wenn die „mitwohnenden Nationalitäten“ unseren Geschichtswettbewerb gewinnen? Je mehr ich meine Augen und Ohren offenhielt, desto mehr Ungerechtigkeiten und Diskriminierungen den Deutschen gegenüber konnte ich entdecken. Ich versuchte mir das zu erklären, ich versuchte, mich damit abzufinden. Aber das war nicht leicht. Ich war ja noch privilegiert durch den Sport. Eines Tages wurde ich von raufwütigen Rumänen erwischt, da sagte der eine: „Der ist doch unser Torwart beim Handball. Den brauchen wir noch!“ Und ich wurde verschont.

Die nächsten Jahre staute sich mein Frust gewaltig an. Ich haßte die Paraden zum 1. Mai und zum Nationalfeiertag am 23. August.

In der siebten Klasse fand dann etwas Entscheidendes für mich statt. Ich schloß Freundschaft mit Hans Michelbach. Es sollte dies eine Freundschaft werden, die von gegenseitigem Vertrauen geprägt war, was in dem vorhandenen Milieu der Denunziation alles andere als selbstverständlich war. Kurioserweise stand vor diesem Freundschaftsschluß eine Auseinandersetzung mit den Fäusten. Hans, der sehr viel kleiner und schwächer als ich war, überraschte mich bei einer Meinungsverschiedenheit mit einem Kinnhaken direkt ins Gesicht. Ich konterte mit zwei

Schlägen und streckte ihn nieder. Aber ich war sehr überrascht über seinen Mut, der mir sehr imponierte. Ich suchte danach das Gespräch mit ihm und entschuldigte mich für meinen Fehler. Er hielt den Anlaß für eine Lappalie. Ein Wort ergab das andere, und aus der Auseinandersetzung mit den Fäusten entstand schließlich eine felsenfeste Freundschaft, die von absolutem gegenseitigen Vertrauen geprägt war.

Wir beschlossen, gemeinsam einen Holzbildhauerkurs bei Meister Berberich zu machen, den wir dann drei Jahre lang besuchten. Dies lieferte uns auch einige Ablenkung, und wir unternahmen sehr viel zusammen, was uns immer mehr zusammenschweißte. Eines Nachts sind Hans und ich in den Glockenturm der Katholischen Kirche gestiegen. Ich stand am Fenster bei der Glocke und dachte: Was bin ich nur alles bereit zu opfern, wenn man mich nur aus diesem Gefängnis herausließe.

In dieser Zeit lernte ich auch Kari kennen, einen Cousin dritten Grades. Er war drei Jahre älter als ich. Ich brachte Hans mit Kari und mit Werner zusammen. Wir hatten zusammen jede Menge Spaß.

An meinem vierzehnten Geburtstag, dem 23. August, der auch der Nationalfeiertag war, zogen wir zu viert durch die Straßen. Wir hatten alle schon ziemlich viel getrunken und räsonierten frustriert darüber, daß wir dem System völlig hilflos ausgeliefert und in diesem Land eingesperrt waren. Mitten in der Stadt, im vollen Laternenlicht, hatte sich meine Unzufriedenheit mit dem System einen Weg nach draußen gesucht. Mein ganzer Frust, der sich angesammelt hatte, entlud sich, indem ich einer Mülltonne ein paar Fußtritte versetzte, so daß diese kaputtging. Ohne daß wir uns versehen konnten, waren vier Nachtwächter von der Nacht-Miliz (Garda de noapte) da und nahmen mich fest. Sie nahmen mir den Personalausweis ab, den ich erst vor zwei Wochen erhalten hatte, und wollten mich abführen. Kari war damals einer meiner besten Freunde und Beschützer. Er bat sie so lange, mich zu verschonen, da es doch mein Geburtstag war und ich zum ersten Male zu viel getrunken hatte, bis sie mir den Personalausweis zurückgaben und mich, nach langem Diskutieren, unter der Auflage ziehen ließen: „Aber jedesmal, wenn wir euch sehen, sollt ihr: ‚Küß-die-Hand!' zu uns sagen." Wir versprachen alles, nur damit wir loskommen konnten. Als wir in sicherer Entfernung waren, schleuderten wir ihnen die üblichen rumänischen Flüche entgegen.

Das Ansuchen

Nach der Intervention meines Vaters war mein Vertrauen in dieses Land abhandengekommen. Ich wußte, daß ich in diesem Land nicht mehr glücklich werden konnte. Ich konnte nicht mehr in diesem Land leben. Ich konnte die Manipulationen nicht mehr so einfach hinnehmen. Ich konnte die Diskriminierungen nicht mehr ertragen. Anfänglich versuchte ich, mich damit zu arrangieren, aber es ging einfach nicht. Daher sah ich nur einen Ausweg: Ich wollte weg aus diesem Land. Ich drang darauf, daß auch meine Familie den Ausreiseantrag stellte.

Es war damals Tagesgespräch: „XYZ haben angesucht. Der hat die kleinen Formulare, der hat die großen Formulare bekommen, der darf nach Deutschland ausreisen, der wurde abgewiesen." „Ansuchen" war bei den Banater Deutschen der gängige Begriff für Emigration. Mindestens die Hälfte der Leute, die ich in Hatzfeld kannte, hatten bereits angesucht.

Im Sommer 1978 stellten wir dann den Ausreiseantrag aus Rumänien. Und so fuhren mein Vater und ich nach Temeswar und reihten uns in die riesige Schlange derer ein, die das Land verlassen wollten. Es dauerte gut sechs Stunden, bis wir vor dem Schalter standen, wo wir unsere persönlichen Unterlagen abgeben konnten. Ich erinnere mich nicht mehr genau, wie das damals war, aber es war schon ein Erfolg, wenn die Unterlagen angenommen wurden. Es war ein kompliziertes Prozedere mit irgendeiner Bestätigung zum Anfang, den „Kleinen Formularen" und den „Großen Formularen", welche alle dazu dienten, die Ausreise möglichst auf den Sankt-Nimmerleins-Tag zu verschieben. 1980 erhielten wir dann die „Kleinen Formulare", was uns hoffnungsvoll stimmte, aber letztendlich so gut wie gar nichts bedeutete. Und dabei blieb es dann auch. „Familienzusammenführung": Mein Großvater väterlicherseits lebte damals noch in Hamburg. Er war bei der Waffen-SS in vorderster Front eingesetzt worden und hatte die SS-Tätowierung. Angeblich sei er deswegen nicht mehr zu seiner Frau und den drei Kindern nach Rumänien zurückgekehrt, worunter mein Vater sehr gelitten hat. Mein Großvater hätte uns vielleicht helfen können, aber wir hatten keinen Kontakt. Mir wurde allmählich klar, daß ich das Land auf legalem Wege nicht würde verlassen können. Daß ich unbedingt heraus wollte, war längst beschlossene Sache. Daher sah ich nur einen Ausweg: Die Flucht über die grüne Grenze.

Mein Vater trank selten Alkohol. Einmal jedoch sagte er: „Dann gehe ich einfach geradeaus und verlasse dieses Scheiß-Land. Dann hole ich euch nach." Ich dachte: Um Gottes willen. So kann das nicht funktionieren. Das muß bis ins kleinste Detail geplant werden. ICH gehe! Die Entscheidung war also gefallen. Nur durfte man diese auf keinen Fall jemandem mitteilen. Nicht einmal in seinen vier Wänden war man sicher: Der eine oder andere Nachbar pflegte gute Beziehungen zur Miliz. Also ging ich sehr sorgfältig vor und sprach nur mit Hans und mit Kari darüber, denen ich blind vertraute. Und, wenn man mir jetzt sagt, auch das sei ein Risiko gewesen, dann muß ich dem entgegnen, daß das Leben vollkommen unmöglich wird, wenn man nicht solche Vertrauenspersonen besitzt. Dieses „Risiko" mußte ich also eingehen.

Das rumänische System respektierte keine Privatsphäre. Spitzelei und Denunziation waren derart ausgeprägt, daß keiner sich traute, auf der Straße auch nur eine harmlose Andeutung über das System zu machen. Er mußte damit rechnen, daß er auf der Stelle abgeführt werden würde. Als sich der Exodus der Deutschen aus Rumänien nicht mehr verheimlichen ließ, da wir in Hatzfeld, das nur fünf Kilometer von der jugoslawischen Grenze entfernt lag, ab 1977 *nahezu täglich* von Fluchtversuchen hörten, reagierte endlich der Parteisekretär des Lyzeums und verkündete in der Schulversammlung „Careu" auf dem Hof des Lyzeums uns „Jungkommunisten" (denn alle, die wir da standen, waren ja „Jungkommunisten", ob wir es wollten oder nicht; man hatte uns zwangsweise nach Ablauf der Pionierzeit zu solchen gemacht): „Es gibt Elemente, welche fehlgeleitet von der kapitalistischen Propaganda die Errungenschaften des Sozialismus nicht zu schätzen wissen und Verrat am Vaterland begehen. Diese stellen eine große Gefahr für uns alle dar, und wir müssen diese asozialen Elemente mit aller Entschlossenheit bekämpfen. Daher fordere ich euch Jungkommunisten auf: Wenn ihr mitbekommt, daß einer die Grenze illegal übertreten und die Idee des Sozialismus verraten möchte, dann meldet uns dies unverzüglich, und der Dank eures Vaterlandes ist euch gewiß!“ Ich dachte nur: Oh, so weit sind wir also schon gekommen.

Dennoch gab es keine Gegenwehr. Niemand traute sich, diesen Wahnsinn als Wahnsinn hinzustellen. Angst, wohin das Auge sah. Keinerlei Aufbäumen, keinerlei Widersprechen, weit und breit. Ich sah auch keine Möglichkeit mehr zu kämpfen. Ja, ich wußte noch nicht einmal mehr, wofür ich hier kämpfen könnte. Ich war vollkommen desillusioniert. Ich konnte nur einen sehen, der den Kampf aufgenommen hatte: Nikolaus Berwanger, Chefredakteur der „Banater Zeitung“ und Heimatdichter. Doch auch er erkannte schließlich, daß er auf verlorenem Posten stand und schrieb seine „Letschte hopsapolka“, einen kleinen Gedichtband, in welchem er das Ende der Deutschen im Banat antizipierte.

Schulwehen und Handball

Was mich in dieser Zeit einigermaßen im Gleichgewicht hielt, war der Handball. Mit elf fing ich an, hörte aber ein Jahr später damit auf. Als ich dreizehn war, schickte der neue Trainer, Ovidiu Becea, einen Kollegen zu mir nach Hause, um mich zum Training zu bringen. Ovi hatte Großes mit uns vor. Er wollte die Endrunde um die Rumänische Meisterschaft erreichen. Zu diesem Zweck wollte er eine Mannschaft über ein paar Jahre aufbauen, und er fing ganz von vorne an.

Im ersten Jahr war ich nur Bankdrücker, und ich wollte abermals aufhören. Dann aber sagte Ovi zu mir, daß er in der nächsten Saison auf mich bauen würde. Da war ich auch nicht mehr der um ein Jahr Jüngere und damit körperlich Unterlegene, denn die Mannschaft wurde aus zwei Jahrgängen zusammengesetzt. Jetzt war meine Zeit gekommen. Mit der B-Jugend-Mannschaft von Hatzfeld gewannen wir 1980 die Kreismeisterschaft. In der Zwischenrunde in Arad besiegten wir dann alle anderen Kreismeistermannschaften und qualifizierten uns für die Endrunde um die Rumänische Meisterschaft in Oradea.

Die ersten vier Spiele gewannen wir mit großem Kampfgeist. Danach spielten wir unentschieden. Dann ging es gegen Bukarest. Es war das entscheidende Spiel. Wenn wir Bukarest besiegten, dann würde uns ein Unentschieden im letzten Spiel zum Landesmeister reichen. In diesem Spiel wurden wir systematisch niedergepfiffen, so daß wir trotz aller Gegenwehr nichts tun konnten. Ovi protestierte wie wild, doch auch er erkannte, daß wir keine Chance gegen die Schiedsrichter hatten. Es war von oberster Stelle nicht gewollt, daß ein Provinznest wie Hatzfeld (obwohl dieses mit einer extrafeinen Handballtradition ausgestattet war) den nationalen Titel erringt. Enttäuscht, daß wir um die Meisterschaft betrogen wurden, verloren wir dann noch das letzte Spiel und wurden nur Vierter.

Ich fühlte mich verraten und verkauft. Es war noch nicht einmal ein Trost, daß ich zusammen mit drei anderen Spielern unserer Mannschaft zum „Trial" einberufen wurde, dem Sichtungslehrgang für die rumänische B-Jugend-Nationalmannschaft. Ovi begleitete meinen Cousin Klaus, der ein As im rechten Rückraum war, und mich, seinen Torhüter, nach Bukarest, wo wir in der Floreasca-Halle vorspielen sollten. An diesem Tag bekam ich fürchterliche Zahnschmerzen, die es mir nahezu unmöglich machten, mich auf das Spiel zu konzentrieren. Der spätere Nationalspieler Roşca schenkte mir fünf Tore von circa elf bis zwölf Metern ein. Ich haderte sehr mit meinem Unglück.

Ich ging damals ins Industriegymnasium Hatzfeld. Zwei Jahre davor war das Humanistische Gymnasium abgeschafft worden, und es gab nur noch die Fachrichtungen Elektrotechnik (für die Klugen), Mechanik (für die Halbklugen) und Bau (für die weniger Klugen). Gesiebt wurde durch eine harte Aufnahmeprüfung. Erst von der achten in die neunte Klasse, und dann von der zehnten in die elfte Klasse. Ich litt sehr unter meinem Klassenlehrer, der uns einem mörderischen Programm, bestehend aus Mathematik und Physik, unterzog. Die Folgen waren für mich verheerend. Angesichts der gegenwärtigen gesellschaftlich-politischen Situation konnte ich mich auch nicht mehr zu Höchstleistungen motivieren.

Im Herbst geschah dann etwas Sonderbares. Ein mir unbekannter Mann trat zusammen mit meinem Klassenlehrer ins Klassenzimmer und er deutete an, mit ihm zu kommen. Wir gingen in eine Art Rumpelkammer, die recht abgeschieden war. Dort setzte er sich hin und fragte mich ohne Umstände, ob ich denn noch weiter Handball spielen möchte. Ich war sehr überrascht und sagte natürlich: „Ja." Daraufhin sagte er, daß ich nach Temeswar gehen und auch die Schule wechseln müßte, ansonsten könne ich das mit dem Handball begraben. Ich überlegte kurz. Die Aussicht, von meiner Schule wegkommen zu können, war sehr verlockend. Ich zögerte daher nicht und sagte: „Ja, ich bin damit einverstanden." Der Mann war natürlich von der Staatssicherheit (Securitate); das ist mir aber erst im Nachhinein klar geworden. Mich erstaunte zwar, welche Methoden angewendet wurden, um eine schlagkräftige Handballmannschaft für Temeswar zustande zu bringen, aber in diesem Fall spielte mir diese Methode voll in die Karten. Ohne meinen Auftritt bei der

Endrunde um die Handball-Landesmeisterschaft hätte es ein solches Gespräch natürlich niemals gegeben.

Die „Verantwortlichen“ hatten entschieden, daß die besten Handballer in Temeswar konzentriert werden sollten, damit man national konkurrenzfähig ist. Also suchte man aus dem ganzen Kreis die besten Handballer zusammen und brachte sie im Internat der Sportschule Temeswar unter. Für mich hatte man das Industriegymnasium Nummer 8 in der Fabrikstadt ausgewählt. Ich schätzte mich sehr glücklich, daß ich die Schule wechseln konnte, denn ich hatte es in Hatzfeld nicht mehr ausgehalten. Insofern war der „Zwang“, die Schule wechseln zu müssen, eine willkommene Gelegenheit, um von meiner Schule wegzukommen. Meine Lernleistung hatte bereits deutlich abgenommen.

Temeswar – eine Frage des Vertrauens

Ich hatte meine Ruhe gefunden und mußte nicht mehr die Tortur im Gymnasium in Hatzfeld mitmachen. Ich atmete durch. Ich begann mit einem Praktikum, beim nennen wir ihn mal „Hausmeister der Schule", Nea Coman. Von Beruf war er Traktorfahrer. Ich mußte mit ihm und noch mit einem Ungarn für die Schule und für das Mädcheninternat Sorge tragen. Und so riefen uns die Mädchen aus dem Internat, da ihre Heizung nicht funktionierte. Nea Coman war damit völlig überfordert. Er schlug mit dem dicken Hammer ein paar Mal ans Ventil und sagte zu mir: „Komm, Deutscher, laß uns verschwinden!" („Hai neamţule, să plecăm!") Ich tippte ihm nur auf die Schulter und schlug mit dem kleinen Hammer leicht ans Ventil. Daraufhin zischte das Wasser wieder heraus und Nea Coman schimpfte über mich und warf mir vor, daß ich unnötig Probleme verursachen würde.

Der Ungar aß in seiner Mittagspause gefühlt zwanzig Knoblauchzehen, so daß selbst Nea Coman den Geruch kaum ertragen konnte. Nea Coman war ein einfacher Mensch und mit Herzensgüte gesegnet. Bereits am zweiten Tag fragte er mich: „Hey, Deutscher! Wann haust du ab?" („Băi, neamţule, tu când fugi?") Ich wies entschieden jeglichen Verdacht von mir. Darauf entgegnete er: „Du wirst mit Sicherheit flüchten. Das weiß ich gewiß!" Ich tat so, als würde mich das überhaupt nichts angehen. Der Ungar träumte davon, Knoblauch in Deutschland zu verkaufen, weil dies angeblich eine Marktlücke wäre. Er sagte zu mir, man könnte mit einem Vertriebsnetz für den Verkauf von Knoblauch große Geschäfte in der Bundesrepublik machen. Und schob sich die nächste Knoblauchzehe in den Mund.

Ich zog ins Sportlerinternat, das neben dem Fußballstadion „1. Mai" in Temeswar war. Zusammen mit zwölf anderen Sportlern, die meisten davon Handballer, teilten wir uns einen Schlafraum. In meiner neuen Klasse wurde auf Rumänisch unterrichtet. Es gab außer mir noch fünf deutsche Schüler, die alle von den umliegenden Dörfern kamen. Die erste Unterrichtsstunde war Rumänisch. Die Lehrerin, Frau Pleava (auf Deutsch „Spreu") stellte uns die Aufgabe, einen Aufsatz über ein Erlebnis zu schreiben, das mit einer persönlichen Niederlage endete. In der Pause kam ein Mitschüler auf mich zu. Er sah mir kurz in die Augen und sagte: „Komm, wir gehen spazieren. Gehen wir ein Bier trinken!" Völlig überrumpelt von einer derartigen Einladung sagte ich prompt: „Ja." Wir gingen zu dem Markt „Piața 700" und bestellten uns zwei Biere. Petrică (sein Spitzname ist Nessy) war recht klein, bestand aber nur aus Muskeln. Er war halb Rumäne, halb Ungar, und war zweimaliger Landesmeister der Jugend im Kajak.

Wir trieben uns während der Unterrichtszeit in Temeswar herum. Petrică eröffnete mir ohne jegliche Umschweife, daß er flüchten möchte. Zunächst habe ich diesen Gedanken völlig von mir gewiesen, denn ich wollte mir keine Blöße geben. Ich fragte mich, ob mein Verhalten so auffällig wäre, daß man es auf Entfernung riechen könne. Ich blieb bedeckt. Er bestand jedoch auf einer Diskussion und erklärte mir freimütig, daß er mit dem kommunistischen System innerlich vollkommen abgeschlossen habe und daß er seine Zukunft allein im Ausland sehen würde. Ich hörte mir dies alles an und bemühte mich, keinerlei Anteilnahme zu verraten. Dann sagte er: „Du bist doch Deutscher. Du kannst es doch nicht mit ansehen, was in diesem Land geschieht. Du mußt doch flüchten!" Ich beschwichtigte, so gut es ging, war aber sehr beeindruckt von seiner Offenheit. Er spürte, daß ich nicht so einfach Vertrauen zu ihm gewinnen konnte. Dann sagte er, ich solle die nächste Rumänischstunde abwarten, wenn Pleava uns die Aufsätze zurückgibt.

Die Rumänischlehrerin las den Aufsatz von Petrică vor, den sie herausgegriffen hatte, um ihn als besonders mißlungenes Beispiel hinzustellen. Pleava las ihn mit Entsetzen vor. Ich war zunächst erstaunt, daß Petrică sich eine derartige Blöße gegeben hatte, doch an den Inhalt des Aufsatzes habe ich keinerlei Erinnerungen mehr. Langsam begriff ich, und ich kam aus dem Staunen nicht mehr heraus, daß Petrică diesen Aufsatz – zwischen den Zeilen – für mich geschrieben hatte. Pleava und die anderen

Schüler, die sehr gelacht haben, hatten keine Ahnung, worum es Petrică dabei ging. Selbstverständlich fehlte er in dieser Stunde. Er hatte sich einfach der Lächerlichkeit preisgegeben, nur um mein Vertrauen zu gewinnen. Das habe ich verstanden, und für mich war danach klar, daß ich ihm vertrauen konnte. Und so weihte ich ihn in den Fluchtplan ein, an dem Hans und ich arbeiteten. Wir verließen dann gemeinsam des öfteren den Unterricht. Während wir durch Temeswar zogen, spielten wir alle denkbaren Fluchtmöglichkeiten durch. Petrică schlug den Weg über das Feld vor. Er erkundigte sich danach und stellte fest, daß dieser mit erheblichen und unvorhergesehenen Gefahren verbunden war. Ich nahm Petrică nach Hatzfeld mit, wo er Hans kennenlernte. Hans war damit einverstanden, daß Petrică mit uns zusammen flüchten würde. Die Mannschaft stand nun fest.

An der neuen Schule gab es auch einen Siebenbürger Deutschen, der Lehrer und Vize-Parteivorsitzender der Schule war. Er hatte mich sofort auf dem Kieker. Wahrscheinlich lag dies daran, daß ich an keinen Schießübungen teilnahm und keinerlei Versammlungen der „Jungkommunisten“ besuchte. Die erste Ermahnung erfolgte auf dem Pausenhof. Ich hatte mein Bein angewinkelt und stützte es an der Mauer ab. Die zweite Ermahnung kam, als ich in der Pause auf einem der Klassentische saß. Er sagte mir, wenn er mich ein drittes Mal erwischen würde, dann werde er mich von der Schule schmeißen. Und so wurde ich, immer wenn er Pausendienst hatte, von meinen Kollegen gewarnt, wenn er sich mir näherte.

Der Direktor war ein sehr umgänglicher Mensch. Aus irgendeinem Grund wurde er, so erzählte man, als Schulinspektor degradiert. Er unterrichtete das schwachsinnige Fach „Organisation der sozialistischen Wirtschaftsproduktion". Meine Noten wurden an der neuen Schule immer schlechter, und der Direktor zitierte mich in sein Büro. Er erkundigte sich freundlich über persönliche Dinge und sagte mir, er verstehe nicht, wieso meine Leistungen im Vergleich zu früher derart nachgelassen hätten. Er forderte von mir, daß ich mich für die nächste Klausur in seinem Fach gründlich vorbereiten solle. Ich tat ihm den Gefallen und erhielt prompt eine Zehn. Danach hatte ich eine Weile Ruhe.

Die neue Handballmannschaft der A-Junioren in Temeswar sollte aus einem „Rohmaterial", bestehend aus über 25 Spielern, darunter fünf Torhüter, zusammengestellt werden. Es waren die besten Spieler, die man aus dem ganzen Landkreis versammelt hatte. Der Leistungsdruck war enorm. Ich schaffte es in den Kader. Aber da war noch der Liebling der Trainerin, an dem man einfach nicht vorbeikam. Egal, wie er spielte, er war immer gesetzt. Dennoch kämpfte ich sehr hart und ging auch über meine Leistungsgrenze hinaus. An einem dieser Tage kam ich zusammen mit Ewald sehr spät ins Internat zurück. Wir hatten einen mörderischen Hunger, die Kantine hatte jedoch längst geschlossen. Der Koch war aber noch da, und so baten wir ihn, uns etwas zu Essen zu geben. Er setzte uns kalte Hühnchenschenkel und Kartoffelsalat vor. Es müssen so zehn oder zwölf Stück Hühnchenschenkel gewesen sein. Mit Heißhunger schlangen wir diese herunter und begaben uns anschließend zufrieden zu Bett. Am nächsten Morgen hatte ich einen Blähbauch, der immer dicker und härter wurde, und ich entschied, einen Arzt aufzusuchen. Diagnose: Hepatitis B. Dies bedeutete, mindestens ein halbes Jahr keinen Handball mehr. Das war das Ende meiner Handballträume. Ich wurde dann ins Hatzfelder Krankenhaus eingewiesen. Infolgedessen haben wir unseren Fluchtplan vom Herbst 1981 auf das Frühjahr 1982 verschoben.

Nach meinem fünfwöchigen Krankenhausaufenthalt quartierte ich mich in ein Zimmer ein, in dem bereits ein Klassenkollege wohnte. Es war eine sehr bescheidene Kellerwohnung im Zentrum von Temeswar. Ich kam in die zwölfte Klasse, die man mit dem Bakkalaureat (Abitur) abschloß. Petrică und ich hatten definitiv nicht vor, die letzte Klasse mit dem Bakkalaureat abzuschließen.

Fluchtvorbereitungen

Gegen Jahresende beschäftigten wir uns alle drei intensiv mit den Fluchtmöglichkeiten, die uns bekannt waren: Mit dem Güterzug, Schwimmen über Donau, Marosch oder Temesch, zu Fuß übers Feld oder gar über Bulgarien. Aus der näheren Betrachtung der Umstände erschloß sich uns als bester Weg: die Flucht mit dem Güterzug. Für Hans existierte von Anfang an nur der Zug.

Im Januar 1982 begannen wir mit den konkreten Vorbereitungen zu unserer Flucht mit dem Güterzug. Hans arbeitete damals in der Ziegelei Ceramica, durch die der Güterzug hindurchfuhr. Ich schlich mich, in Arbeitskleidung, sehr oft in die Fabrik ein. Wir beobachteten gemeinsam die Züge und notierten die Fahrzeiten. Wir machten Lagepläne, maßen per Schritt unauffällig das Terrain aus. Ich fuhr nur noch so oft zu Schule, daß es gerade mal so noch nicht sonderlich auffiel. In der Schule besprach ich mit Petrică hauptsächlich unsere Planskizzen. Der Unterricht prallte an mir einfach herab, ich hatte dafür keinen Nerv mehr. Petrică kam auch ein paar Mal nach Hatzfeld, und wir gingen dann gemeinsam in die Fabrik und arbeiteten weiter an unserem Fluchtplan.

Zugreisende mußten in Hatzfeld durch einen Kontrollposten hindurch, an dem zwei bewaffnete Grenzsoldaten die Angekommenen akribisch musterten und versuchten, diejenigen herauszunehmen, die ihnen verdächtig erschienen. Sie versuchten, gleichsam in den Gesichtern der Ankommenden zu lesen und diejenigen zu erkennen, welche insgeheim geplant hatten, über die grüne Grenze nach Jugoslawien zu flüchten. Dies war ihre Aufgabe, und sie nahmen sie sehr ernst. Petrică wurde von ihnen regelmäßig als verdächtig eingestuft und herausgenommen. Ich erklärte ihnen dann, daß Petrică mich besuchen würde und daß ich mich für ihn verbürge. Sie gaben sich damit zufrieden, nachdem die Adresse in meinem Personalausweis begutachtet wurde. Uns wurde klar, daß wir diese Prozedur nicht allzu oft machen konnten.

In dieser Zeit, in der ich mehrmals in der Woche das Terrain in der Ziegelfabrik in Arbeitskleidern erkundete, kletterte ich einmal gegen Abend, als es schon dunkelte, auf eine Betonmischmaschine und wartete in gut zehn Metern Höhe auf den Zug, der damals um 18:30 Uhr fuhr. Ich sah ihn kommen und an mir vorbeifahren und beobachtete, wie zwei junge Männer von einer Laderampe in einem beleuchteten Feld etwa 300 Meter vor dem erlösenden Bahnzeichen auf den Zug sprangen. Sie hatten es riskiert, weit vor diesem entscheidenden Zeichen zu springen, denn erst wenn die Hälfte der Zuggarnitur daran vorbeigefahren war, wurde der Zug nicht mehr angehalten. Ein Soldat hatte das beobachtet und schoß in die Luft. Der Zug hielt an, und die Soldaten zerrten die beiden aus dem offenen Waggon, auf den sie gesprungen waren. Der erste Stiefeltritt ging ins Gesicht, der zweite in den Unterleib. Nach etwa zehn Minuten derartiger Behandlung führten sie die beiden dann zum Grenzposten. Die beiden waren halb bewußtlos und blutüberströmt. Ich hatte bis dahin noch nie so viel Blut gesehen. Ich wußte nun mit Sicherheit, was mit uns geschehen würde, wenn unser Fluchtversuch scheitern würde.

Zwei Wochen vor unserer geplanten Flucht mußte ich in Temeswar zur Musterung. Ich mußte vor zwei Offiziere treten, die sich gelangweilt meine Papiere anschauten. Nach einigen belanglosen Fragen wollte einer von mir wissen, was ich nach der Schule machen möchte. Ich sagte, ich möchte studieren. Beide Offiziere brachen in schallendes Gelächter aus: „Du hast dich durch dein Verhalten ja nicht gerade empfohlen! Der Kanal wartet auf dich!" Er meinte den Bau des Donau-Schwarzmeer-Kanales, ein zu der Zeit berüchtigtes „Soldatengrab" Ceauşescus. Nun wußte ich auch, was mich erwarten würde, wenn ich den Fluchtversuch nicht unternehmen würde.

Meine Geschichtslehrerin war die Frau des Kreisparteivorsitzenden. Streng genommen, war sie gar nicht Lehrerin, sondern wollte erst eine solche werden. Dafür mußte sie eine „Probestunde" abhalten. Das war gut eine Woche vor unserer Flucht. Dennoch durfte sie als Frau des Kreisparteivorsitzenden natürlich „unterrichten". Ein paar Wochen zuvor hatten wir den Nationalsozialismus durchgenommen. Dabei mußten wir sechs Deutsche drei Stunden nacheinander den Unterricht im Stehen verfolgen.

Deutlicher kann man jemanden nicht brandmarken. Für ihre Probestunde hatte sie unsere Klasse ausgewählt. Wir bekamen Exzerpte von etwa zwanzig Seiten, die wir auswendig lernen mußten (allein die Papierkosten waren für damalige Verhältnisse schon verschwenderisch hoch). Petrică und ich zerrissen nach der Einführungsstunde unsere Papiere, was die anderen Schüler erschrocken registrierten. Wir wollten uns dadurch jeden Rückweg verbauen, der uns von unserem Vorhaben hätte abbringen können. Ein Mitschüler fragte uns, warum wir das getan hatten. Ich fragte ihn, wie er denn das alles hier aushalten könne. Er entgegnete mir: „Aushalten, was?"

Es ist soweit

Am 15. April 1982, einen Tag vor der geplanten Flucht, fuhren Hans und ich nach Temeswar, um auf dem Schwarzmarkt so viel Proviant (Traubenzucker, Süßstofftabletten) einzukaufen, wie in unsere Jackentaschen paßte. Ebenso tauschten wir westdeutsches, amerikanisches und jugoslawisches Geld ein. Um 16 Uhr trafen wir Petrică am Hauptbahnhof und fuhren gemeinsam nach Hatzfeld. Petrică hatte zwei Jacken aus grünem Zeltstoff für sich und mich genäht.

Der Zug hielt am Hatzfelder Bahnhof an. Aussteigen. Petrică wurde bei der Kontrolle jedesmal von einem Grenzsoldaten angehalten. Wir konnten das nicht mehr riskieren. Da wir wußten, daß die andere Zugseite unbewacht war, stiegen wir am Ende des Zuges auf der anderen Seite aus und machten uns aus dem Staub.

Unser Entschluß stand fest: Morgen wird der Tag der Entscheidung sein. Jetzt war es soweit: Es sollte stattfinden. Und so gingen Petrică und ich zu mir nach Hause. Hans kam auch dorthin, und wir besprachen die letzten Details. Mein Cousin platzte herein, wir taten belanglos, denn wir wollten nichts riskieren. Hans fuhr nach Hause.

Nach einem verspäteten Mittagessen machten Petrică und ich einen Spaziergang durch Hatzfeld. Es war alles sehr ruhig, nur ab und zu sah man einige Menschen eilig durch die Straßen gehen. Die Bäume fingen gerade zu blühen an, der Frühling war im Anzug. Die Luft war angenehm, es war ein schöner Apriltag. Morgen werden wir von hier weg sein.

Es wird langsam dunkel. Wir gehen nach Hause. Hans besuchte uns. Am Abend gingen wir ins Kulturhaus in die Diskothek. Dort trafen wir auf Kari und Werner. Nachdem wir uns beim Tanzen ausgetobt hatten, verabschiedete ich mich von ihnen. Kari war mir ein sehr guter Freund gewesen. Er hatte mich beschützt, als es notwendig war. Es tat mir sehr leid, daß wir uns trennen mußten. Er wünschte uns Glück.

Um ca. ein Uhr nachts gingen wir zu Bett. Müde schlief ich ein, nachdem ich an Gott gedacht und gebetet hatte. Morgen ist der Tag, von dem alles abhängen würde.

Am nächsten Morgen, es war der Freitag vor dem rumänischen Ostern, standen wir um 8:30 Uhr auf. Unser Zug fuhr um 10:30. Ich übergab meiner Mutter so um die 1.000 Lei, die noch von meinem Sparbuch übriggeblieben waren, das ich aufgelöst hatte. Sie dachte, das sei zum Neuanlegen. Irrtum, sagte ich. Sie solle sich davon ein Kleid oder etwas anderes kaufen, was sie aber ablehnte. Meine Eltern wußten nichts von unserem Vorhaben, das hätte nur Schwierigkeiten gegeben und keinem etwas genutzt.

Und dann … Wir waren fertig zum Gehen, und wir versuchten, uns auf irgendeine Weise zu verabschieden. Mein Herz bebte, der Atem stockte: Fort, ich gehe fort! Und ich weiß nicht, ob und wann wir uns wiedersehen werden. Wir stammelten unbeholfen einige Abschiedslaute, die meine Eltern nicht verstanden. Natürlich sollten sie sie nicht ganz verstehen. Mein Vater leckte gerade einen Löffel mit Rahat, einem türkischem Süßprodukt, ab, den er aus Mangel an Süßstoff verflüssigt und in ein Einlegeglas gefüllt hatte, um ihn als Süßungsmittel zu verwenden. Ich fragte ihn nicht, wie das wohl schmeckte. Wir schafften es mit Mühe, keinen Verdacht zu erwecken. Meine Mutter meinte, daß wir „in die Stadt" gehen. Ich sollte beim Zurückkommen Brot mitbringen. Ich sagte: „Natürlich!" Später schrieb sie mir, daß sie, nachdem wir beide fortgegangen waren, ans Straßenfenster gegangen sei und uns von dort lange nachgesehen habe. Es fiel ihr dabei auf, daß wir gleiche Jeans, gleiche Sportschuhe sowie die gleichen Jacken trugen, welche Petrică extra für unsere Flucht genäht hatte. Sie schrieb mir, wenn sie damals gewußt hätte, daß wir nicht mehr zurückkommen würden, dann wäre sie vor Kummer gestorben.

Um 9:30 Uhr sind Petrică und ich bei meiner Großmutter im Hatzfelder Viertel Futok angekommen. Ich bat sie, meinen Arbeitskittel zu steppen. Als sie mich fragte, wozu ich den brauche, log ich und antwortete: Zum „Motor"-Fahren in der Ceramica. (Es gab im Werk Schmalspurlokomotiven, auf welchen die Erde in der Ziegelei transportiert wurde.) Das war nachvollziehbar, denn das haben wir hin und wieder auch getan.

Um 10:05 Uhr kamen wir in der Fabrik an und zogen dort die Arbeitskittel über unsere Kleidung. Dort trafen wir uns mit Hans. Mit ihm kamen Nelu und Filu, zwei vertraute Freund von Hans, die eingeweiht waren. Nelu zeigte uns, wie wir den Kompaß benutzen können. Dann warteten wir auf den Zug.

Der Zug mußte um 10:30 Uhr vom Hatzfelder Bahnhof abfahren. Bis er am Zielort vorbeikam, mußten wir warten, und wir durften ja nicht auffallen. Vereinbarungsgemäß begaben Petrică und ich uns in einen ruhigen Raum einer Trocknerei. Dort warteten wir ab, bis Hans uns das Startzeichen geben würde, wenn der Zug kommt. Er sollte auf dem Sägemehlhaufen stehen und kräftig pfeifen, wenn der Zug im Herannahen war. Hans trieb sich derweil auf dem Bahngelände um. Die Zeit verging einfach nicht. Ich mußte vor Nervosität andauernd pinkeln. Hans kam alle paar Minuten vorbei. Durch ein paar Risse in den Wänden versuchten wir herauszufinden, was außerhalb der Trocknerei stattfand. Das Warten wurde elendig lang. Wir blickten uns gegenseitig an und schwiegen. Es war schon 10:45, als Hans endlich kam und uns sagte, daß der Zug Verspätung hätte und wir noch weiter warten müßten. Nach einer weiteren halben Stunde des Wartens wollte Petrică Ausschau halten, da Hans nicht, wie wir vereinbart hatten, zu uns gekommen war und wir nicht wußten, was los war. Wir verließen unser Versteck und schlichen uns aus dem dunklen Raum ins Innere der Trocknerei. Dort kletterten wir auf einem Balken in die Höhe. Plötzlich entdeckten wir eine in Arbeitsmontur gekleidete Frau, die zufällig vorbeikam. Wir versuchten zwar noch, uns zu verstecken, aber durch die Hohlräume konnte sie uns gut sehen. Als sie vorbeigegangen war, zogen wir uns wieder in unser Versteck zurück und hofften, daß daraus nichts Schlimmes entstehen würde. Es vergingen wieder zehn Minuten, dann hören wir endlich die aufgeregte Stimme von Hans: „Ihr müßt hier raus! Da kommen der Chef und eine Frau. Die halten euch für Diebe!" Die Frau hatte ihrem Chef gemeldet, daß zwei Schlosser Räder vom Ziegelband abmontieren wollten. (Räder vom Ziegelband wurden immer wieder gerne demontiert.) Damit waren Petrică und ich gemeint, wir wurden also als Diebe verdächtigt. Hans sagte, wir sollten uns unauffällig in die alte Trocknerei begeben, welche 300 Meter entfernt war. Und so mußten wir unseren sicher geglaubten Platz verlassen, und wir liefen dort hin. Dort angekommen, versteckten wir uns ganz im Inneren. Ein paar Mal kamen Leute nah an uns vorbei, doch in der Dunkelheit konnte uns niemand entdecken. Hier warteten wir also weiter, bis Hans uns das Zeichen gab. Es war schon 12:15 Uhr, das Warten war eine schlimme Sache. Unsere Nervenanspannung versuchten wir mit Zigaretten zu bekämpfen, an denen wir leicht zitternd und tief zogen. Halb wahnsinnig von dem vielen Warten verstummten wir, als Hans zu uns kam und uns mitteilte, der Zug sei losgefahren, und er habe noch etwa 1,5 Kilometer bis er hier vorbeifahren würde. Endlich, nach zwei Stunden Verspätung, kam der Zug. Es war etwa 12:30 Uhr.

Es ist soweit: Wir hatten mit Hans abgemacht, daß Petrică und ich durch ein Loch in der Mauer hin zur Straße zwischen der Ziegelfabrik Ceramica und der Pannonia-Mühle kriechen sollten, wenn er auf dem Sägemehlhaufen, etwa 25 Meter vom Gleis entfernt, steht und pfeift. An der Ecke befand sich unser Absprungplatz. Hans pfiff. Petrică und ich rannten aus der Trocknerei in Richtung Mauer los, hin zu unserem Absprungplatz. Der Weg führte durch das riesige Loch in einer gut zweieinhalb Meter hohen und glatten Mauer, das es die ganzen drei Monate unserer Vorbereitungen gegeben hatte und von uns fest eingeplant war. Doch als wir vor die Mauer kamen, war plötzlich kein Loch mehr drin. Es war völlig überraschend für uns, daß das Loch in der Mauer, das dort ewig gewesen war, ausgerechnet jetzt zugemauert worden war. Wir waren ziemlich festgenagelt. Links war die Mauer, die kein Loch mehr hatte. Rechts vor uns waren die Arbeiter von der Abteilung „Block-Beton“. Ganz vorne sahen wir, wie die ersten Waggons des Güterzuges vorbeifuhren. Über die Mauer zu klettern, kostete uns also nicht eingeplante Zeit. Das zugemauerte Loch hatte uns der notwendigen Zeit beraubt, um von der ausgewählten Stelle den Absprung zu wagen. Hans stand auf dem Sägemehlhaufen und starrte abwechselnd auf den Zug und auf uns, die wir auf einem Umweg zum Absprungplatz rannten. Als wir endlich am Absprungplatz angekommen waren, zählte ich nur noch sieben Waggons: Dies war zu wenig und zu riskant, um zu dritt den Sprung zu wagen. Alle drei starrten wir dem verschwindenden Zug hinterher: Danebengegangen! Der Zug fuhr buchstäblich vor unseren Augen und ohne uns fort. Filu und Nelu, die sich in der Nähe aufgehalten hatten, kamen zu uns und sagten, wir sollen schleunigst von hier weg. Ohne Auffallen zu erregen, entfernten wir uns schnell vom Schauplatz und gingen in die alte Trocknerei zurück, wo wir die Arbeitskittel wieder auszogen. Niedergeschlagen und mißmutig gingen Petrică und ich nach Hause. Hans kam später auch zu mir nach Hause.

Wir waren alle drei jedoch der Auffassung, daß jetzt jedoch nicht die Zeit war, um Trübsal zu blasen. Wir blickten einander an und jeder von uns spürte beim anderen die Entschlossenheit, unser Vorhaben nicht aufzugeben und auch nicht aufzuschieben. Wir berieten uns kurz und beschlossen, daß wir den nächsten Zug, der um 20 Uhr abfuhr, nehmen werden. Petrică und ich gingen zu mir nach Hause, wo wir etwas aßen. Meine Eltern waren auf der Arbeit, wir waren alleine. Hans ging nach Hause und kam nach zwei Stunden zu uns, und wir gingen unseren Plan noch einmal durch, damit wir vor weiteren Überraschungen gefeit waren. Wir hörten leise, sanfte Musik von John Denver und Barclay James Harvest. Unsere Stimmung war ziemlich niedergedrückt. Mit einer Flasche Hauswein, die ich zusammen mit Hans trank, versuchte ich die Stimmung ein wenig zu heben. Petrică bevorzugte ein Gläschen Schnaps.

Wir beschlossen, um 20 Minuten vor 18 Uhr wieder loszugehen, um den 20-Uhr-Zug zu nehmen. Petrică und ich wieder in Jeans und unseren von ihm genähten Jacken aus Zeltstoff. Unsere Arbeitskittel trugen wir wieder in zwei Plastiktüten. Wir gingen durch die Stadt. Die Milizstation mieden wir. Ich erkannte kurz die Konturen einer ehemaligen Mitschülerin, die mich jedoch nicht sah. So entschwanden wir aus der Stadt. Im Futok trafen wir uns, wie vereinbart, mit Hans, der mit dem Fahrrad gekommen war. Wir gingen gemeinsam in die gesperrte Straße zwischen der Pannonia-Mühle und der Ceramica. Dann sprangen wir über die Mauer auf das Gelände der Ceramica. Wir gingen wieder in die alte Trocknerei, wo wir unsere Arbeitskittel anzogen und abwarteten.

Etwa um 18:30 Uhr gingen wir an die Gleise, um den Absprungort noch einmal in Augenschein zu nehmen. Doch etwa 300 Meter hinter den Gleisen ritt ein Soldat Patrouille. Er ritt geradewegs auf uns zu, und wir fürchteten, daß er uns gesehen haben könnte. Wir drehten sofort um, und Petrică und ich liefen zurück in die Trocknerei, während Hans sich in einem Zementwaggon versteckte. Der Soldat hatte uns nicht gesehen, denn er ritt dann nach links von uns weg. Hans ging wieder auf seinen Beobachtungsposten, und wir warteten wieder auf den Zug. Um 19:50 Uhr kam dann endlich erneut das Signal von Hans. Wir gingen zum Absprungplatz, aber diesmal um den „Brennofen" herum. Dort begegneten wir einem anderen Soldaten mit Gewehr, der seinen Platz als einer der sechs Zugbewacher einnehmen wollte, die im Abstand von hundert Metern auf beiden Seiten des Gleises kurz vor dem Absprungplatz postiert waren.

Die Jugoslawen hatten sich bei den Rumänen beschwert, daß die Soldaten die Ware mehrfach durch Schüsse auf den Zug beschädigt hatten. Daraufhin kam es zu folgender Vereinbarung: Wenn die Hälfte der Zuggarnitur das Bahnzeichen passiert hatte, dann durfte nicht mehr auf den Zug geschossen werden. Die Soldaten, es waren immer sechs, die im Abstand von hundert Metern voneinander standen, je drei auf jeder Seite, hatten Leuchtmunition und sechzig Schuß Schnellfeuer.

Wir gingen scheinbar unbekümmert um den Ofen herum und warteten, bis der Soldat auf seinen Posten verschwand. Dann beeilten wir uns, zum Absprungplatz zu gelangen. Hans kam auch hin. Der Zug kam. Wir sahen die Dampflok, wie sie an uns vorbeifuhr, nach links, nach dem Westen, und das „erlösende Zeichen" passierte. Rechts von uns, in etwa sechzig Metern Entfernung, standen die sechs Soldaten in hundert Metern Abstand auf beiden Seiten des Gleises. Da wir hinter der Mauer in der Straße zwischen der Pannonia-Mühle und der Ceramica standen, konnten sie uns nicht sehen. Der Lokführer hatte uns in fluchtverdächtiger, geduckter Haltung gesehen und vergrößerte infolgedessen seine Geschwindigkeit. Unbeschreiblich, was mir alles in diesen Augenblicken durch den Kopf ging. Ich glaube, es war mein gesamtes bisheriges Leben und die Hoffnungen und Wünsche an die Zukunft. Wir waren alle drei ziemlich paralysiert. Die Uhr tickte: Wenn die Hälfte des Güterzuges (25 Waggons) „das Zeichen" überschritten hatte, dann durften die Soldaten nicht mehr auf den Zug schießen. Ich wußte, wir müssen jetzt handeln, denn Waggon um Waggon fuhr an uns vorbei. Wir wußten, daß von diesem Laufen und dem Aufspringen ALLES abhängt, unser Leben, unsere Zukunft. Die Anspannung wurde immer unerträglicher. Ich spürte, wie ich innerlich immer ruhiger wurde. Plötzlich steckte Petrică den Kopf hinter der Mauer hervor und sah nach den Soldaten. Der Soldat auf unserer Seite des Gleises, der uns am nächsten war, sah ihn und schoß in die Luft. Alle anderen schossen auch ihre Leuchtraketen ab. In diesem Moment richtete sich Hans an mich und schrie: „Herbert, spring, die Garnitur ist schon über die Hälfte am Zeichen vorbei!" In mir schien sich alles zu drehen. Ich sah nur noch den Zug und faßte ein bestimmtes Trittbrett und die darüber liegende Stange ins Auge und rannte wie besessen los. Es waren etwa vierzig Meter, die ich rennen mußte. Ich habe keine Erinnerung daran. Ich muß aber rasend schnell gewesen sein. Das nächste, an das ich mich allerdings sehr gut erinnern kann, ist der Augenblick des Absprungs, des „Fluges", der mir wie in Superzeitlupe vorkam, und die Landung, als ich mit dem rechten Fuß auf dem Trittbrett landete und mit beiden Händen die Stange erfaßte und fest umklammerte. Es folgte ein kräftiger Aufprall, mit der rechten Schulter stieß ich heftig gegen das Seitenteil des Waggons. Ich hielt mich jedoch mit aller Kraft fest. Als nächstes stieg ich die zwei, drei Stufen hoch auf das Podest und drehte mich um, um nach Petrică und Hans zu sehen. Petrică lief mir hinterher. Hinter Petrică lief der eine Soldat. Während des Laufens schob er das Schnellfeuermagazin in sein Gewehr. Petrică sprang jedoch nicht, vielmehr wollte er die Geschwindigkeit des Zuges erreichen und meine Hand, die ich ihm entgegenstreckte, erfassen. Ich hatte mich ganz weit herausgelehnt und hielt mich mit der linken Hand fest. Doch vergeblich, der Zug fuhr schon zu schnell. Hinter mir, etwa drei bis vier Waggons entfernt, sah ich, daß Hans gerade auf eine niedrige Viehwaggontreppe sprang, sich dort festklammerte und hinauf kletterte. Petrică lief um sein Leben, und plötzlich mußte er über einen breiten Graben springen, wodurch er völlig außer Tritt geriet. Jetzt konnte er meine Hand nicht mehr erreichen. Wir sahen uns in die Augen, während die Entfernung zwischen uns beiden unaufhörlich wuchs. Was geschieht nun mit Petrică? Doch Hans legte sich blitzschnell auf die Seite und streckte seinen Arm nach Petrică aus. Ein Soldat hat sich schon ein großes Stück an den Zug herangearbeitet und schrie uns nach. Die anderen zwei liefen uns auch hinterher. Was auf der anderen Seite geschah, wußte ich nicht. Petrică blieb stehen und wartete, bis Hans bei ihm war. Hans griff ihm unter die Schulter, sie klammerten sich aneinander fest, Hans zerrte ihn in die Höhe, seine Beine schleiften etwa zwanzig Meter über den Erdboden. Sie kämpften, zerrten, schoben, bis das nahezu Unmögliche geschah: Die Rettungsaktion von Hans war erfolgreich. Hans hatte es geschafft, Petrică auf den Zug hochzuziehen. Sie lagen jetzt beide halb neben und halb aufeinander auf dem langen Brett der Viehtreppe. Wir gaben uns durch Zeichen zu verstehen, daß alles in Ordnung war. Dann richteten wir den Blick nach vorn, nach Westen, in die Fahrtrichtung des Zuges.

Der Zug blieb nicht stehen, da sich der Lokführer an die Abmachung hielt. Unser Plan, daß der Zug nicht mehr anhalten würde, wenn die Hälfte der Zuggarnitur an dem Bahnzeichen vorbeigefahren war, war aufgegangen. Es waren noch etwa fünf Kilometer bis zur Grenze. Kurz davor, zwischen dem zweiten und dem dritten Niemandsland, stand ein Soldat im Graben. Ich versteckte mich auf der anderen Seite des Waggons, auf der Treppe, so daß er höchstens meine rechte Hand sehen konnte. Er rief mir zu: „Bă, dă-te jos!“ („Hey, komm runter!“) Ich antwortete ihm: „Bă, dă-te-n pizda mă-ti!“ („Hey, geh zurück in die Vagina deiner Mutter!“) Was aber geschieht mit Hans und Petrică? Abmachungsgemäß durften rumänische Soldaten dort nicht mehr auf den Zug schießen. Aber darauf bauen konnte man nicht, denn es war schon oft vorgekommen, daß diese Abmachung nicht eingehalten worden war. Als ich an dem Soldaten vorbei war, nahm ich meine alte Stellung wieder ein. Ich hörte den Soldaten, wie er Hans und Petrică zurief: „Băi, ce faceţi acolo, mă? Daţi-vă jos, bă!“

(„Hey, was macht ihr dort? Hey, kommt runter, hört ihr!") Er schoß aber nicht, und als Petrică und Hans auch an ihm vorbei waren, winkte Petrică ihm mit der Hand „Bye bye". Als wir die richtige Grenze endlich überfuhren, war mein erster Gedanke, daß ich endlich auch einmal ein anderes Land sehen würde als Rumänien. Wir fuhren etwa vierzig Minuten. Vor der ersten Ortschaft, die in Sichtweite war, sprangen wir ab und landeten in einem Graben. Beim Sprung überschlugen wir uns ein paar Mal. Die Landung war recht unsanft, und wir trugen einige Hautschürfungen davon. Dies kümmerte uns jedoch überhaupt nicht. Wir umarmten uns und freuten uns, daß wir es geschafft hatten.

Es gab jedoch keine Zeit, um auszuruhen. Wir stellten unsere Uhren gleich um zwei Stunden zurück, nach jugoslawischer Zeit war es also 18:40 Uhr. Wir marschierten los. Es fing an zu dunkeln. Beinahe den ganzen Tag hatte es geregnet. Wir orientierten uns anhand des Kompasses und einiger ungenauer Landkarten. Wir gingen übers Feld, Hans hatte Stiefel an, Petricăs und meine Schuhe aber waren total verschmutzt, die Socken naß, wir marschierten mit Erdballen an den Füßen. An einem Bahnwärterhaus stellten sich uns vier Schäferhunde entgegen. Im ersten Augenblick waren wir alle sehr geschockt und wußten nicht recht, wie wir mit dieser Bedrohung umgehen sollten. Wir blieben jedoch ruhig und, ich glaube, es war Petrică, der sagte, wir sollten uns auch vierbeinig aufstellen, dann würden die Hunde erkennen, daß wir größer sind und uns in Ruhe lassen. Als die Hunde tatsächlich sahen, daß wir größer waren, waren sie beeindruckt und sahen davon ab, uns zu zerfleischen. Wir gelangten an eine Landstraße, im Gras schlichen wir an die Fahrspur heran. Wir waren nicht sicher, ob wir weiterhin übers Feld im Matsch gehen sollten oder aber über die Landstraße. Letztendlich haben wir uns für die zweite Variante entschieden. Da wir möglichst nicht als Flüchtlinge auffallen wollten, nahm ich Petrică um die Hüfte und mimte den Liebhaber, Petrică die Geliebte, Hans vorneweg als unser Kind. Wir kamen an einen Friedhof, dort zogen wir unsere Arbeitskittel aus, steckten sie in die Plastiktüten und ließen sie dort liegen. Wir marschierten von 18:50 Uhr an, Kilometer um Kilometer, kamen an Waldstücken vorbei, wo Hunderte von Feldhamstern überfahren auf der Landstraße lagen. Es wurde ja Unzähliges über Fluchtversuche kolportiert, und es war schwer herauszufinden, was stimmte und was erfunden war. So hieß es auch, daß man die ersten fünfzig Kilometer nach der Grenze möglichst schnell überqueren müßte, denn, wenn man in diesem Bereich erwischt wird, dann wird man mit Sicherheit an Rumänien zurückgegeben. Jedenfalls versuchten wir, möglichst weit zu kommen, denn wir wußten ja nicht, ob dies wirklich stimmte. Andererseits wollten wir das natürlich gar nicht erst herausfinden. Wir fanden bloß einen einzigen Brunnen, und die Verkehrsschilder waren miserabel. Um etwa 3 Uhr morgens, völlig erschöpft, da wir weder eine Scheune noch einen sonstigen Unterschlupf gefunden hatten, um uns auszuruhen und im nassen Gras nicht schlafen konnten, entschlossen wir uns, per Anhalter weiterzukommen. Wir hatten uns noch nicht entschieden, in welche Richtung wir marschieren sollten: direkt nach Österreich oder nach Belgrad. Wir überquerten die Brücke über die Theiß, und dann gingen wir ein Stück in Richtung Belgrad, konnten aber immer noch nach Novi Sad in Richtung Österreich abbiegen. Aber das Wichtigste war: So weit wie möglich von der Grenze weg zu kommen.

Lange Zeit hielt keiner an. Bis endlich ein Auto von dem wir glaubten, daß es mindestens bereits ein bis zwei Mal an uns vorbeigefahren war und uns dabei absichtlich geblendet hatte, anhielt. Erschöpft wie wir waren, übersahen wir dieses Detail und waren froh, daß uns endlich einer mitnahm. Wir versuchten, dem Fahrer in mehreren Sprachen zu erklären, daß wir nach Belgrad wollten und ihm unser ganzes Geld dafür geben würden. Der Fahrer fuhr uns direkt zur Polizei. Wir dachten kurz daran zu entfliehen, aber in Anbetracht der Tatsache, daß die ganze Umgebung mobil gemacht worden wäre, ließen wir es bleiben und warteten auf das, was kommen würde.

Auf dem Polizeirevier wurden wir mit dem Ausruf „Gäste aus Rumänien" („Gosti iz Rumunie") empfangen. Man gab uns Fladenbrot und Kaffee und war anfangs recht freundlich zu uns. Nur ein Polizist, der uns später sagte, er habe selbst Verwandte in Rumänien, sagte barsch: „Zurück nach Rumänien!" („Înapoi, Rumunie!") und legte uns Handschellen an. Petrică erwiderte ihm: „Lieber nehme ich die Pistole und erschieße mich, bevor ich zurückgegeben werde!" („Mai bine iau pistolul şi mă împuşc, decît să mă dea înapoi!") Dann wurden wir alle drei einzeln untersucht und vernommen. Im Beisein einer Dolmetscherin, welche Aromunisch, einen rumänischen Dialekt, sprach. Nachdem ich ihr mehrfach und detailliert unsere Flucht mit dem Güterzug erklärt hatte, sagte sie: „Ja, ja, schon gut. Aber ich verstehe eines nicht: Wie seid ihr ohne Fahrscheine auf den Zug aufgestiegen?" („Binje, binje. Da, ieu una nu-nţeleg: Cum di va-ţi suit pi tren fără bilijet?") Von unserem Geld durften wir uns sogar Essen kaufen, da wir durch den langen Marsch sehr hungrig waren. Die Vernehmungen dauerten bis 7 Uhr morgens. Man vermutete sogar, wir seien Spione, da wir auf Petricăs Anregung unsere Adressen in einem 1–12- und 12–1-Alphabet auf kleine Zettel geschrieben hatten.

Anschließend führte man uns zum Schnellrichter, der machte mit uns kurzen Prozeß. Politisches Asyl lehnte er ab, er ließ keine Widerrede zu und verurteilte uns zu zwanzig Tagen Gefängnis. Man sagte uns, zuerst müssen wir diese zwanzig Tage in Zrenjanin absitzen oder abarbeiten und dann stehen die Chancen 50-zu-50. Um 14 Uhr wurden wir, natürlich in Handschellen, ins Polizeiauto geführt. Dort nahm man uns die Handschellen ab, und Petricăs rechte Hand wurde mit der linken Hand von Hans, die rechte Hand von Hans an meine linke Hand und meine rechte Hand durch beide hindurch festgemacht. Wir zweifelten sehr daran, ob sie uns überhaupt nach Zrenjanin befördern oder nicht gleich zurück nach Rumänien fahren würden. Ich hielt den Kompaß in der Hand, aller Augen schienen darauf festgenagelt. So verfolgten wir unsere Fahrt. Innerlich bereiteten wir uns auf schwere Zeiten vor.

Gefängnis in Zrenjanin

Wir wurden doch nach Zrenjanin gefahren. Wir befürchteten, daß wir zunächst in den Knast kämen und danach zurück nach Rumänien zurückgeschickt werden würden. Empfangen wurden wir von einem Wächter, der sogleich durch besondere Grobheit auffiel. Er zeigte uns sofort, wer hier das Sagen hatte. Er untersuchte uns, nahm uns alles ab, außer der Bekleidung, aber uns gelang es trotzdem, ein paar Sachen wie Kugelschreiber oder Kamm mit in die Zelle zu schmuggeln. Wir hatten auch Süßstofftabletten bei uns, und der Wärter – der Meinung, es seien „Drogs" – schlug mir mit seinem Knüppel über die Finger als ich das Schächtelchen greifen wollte, um ihm zu zeigen, daß dies nur harmlose Süßli waren. Sodann klärte er uns noch über die Hausordnung auf: „Moia disciplina" („Meine Diziplin") und er zeigte auf seinen Knüppel. Trotz der angespannten Lage sagte ich zu Hans „Moia disciplina" – und ich tippte auf meinen Hintern und sagte: „Moia disciplina: Arsch." Er führte uns in eine Zelle von zwei mal drei Metern und ließ uns dort allein. Eine Toilette gab es nicht. Fließendes Wasser auch nicht. Statt dessen hatten wir einen Kübel als WC, der neben einem Krug mit Trinkwasser stand. Später öffnete man die Zellentür und warf uns zwei zerrissene Matratzen und zwei Pferdedecken zu. Sowohl der Kübel als auch der Krug sollten einmal am Tag ausgeleert beziehungsweise aufgefüllt werden. Der Wärter kam und stieß mir mit dem Knüppel in die Lende: „Tî – kibla!" („Du – Kübel!") Er wies mit dem Knüppel in Richtung des Kübels. Damit meinte er, ich solle den Kübel nehmen und ihn am Ende des Ganges ins „große WC" ausleeren. Ich wußte nicht, wie ich dieses Ding, das fürchterlich stank, da ich die ersten zwei Tage Durchfall hatte und mein Reservepaar Socken aufgebraucht hatte, anfassen sollte. Schließlich gelang es mir, unter Geruchswahnsinnsanfällen den Kübel aufzunehmen und ans Ende des Ganges zu bringen. Von heftigen Brechreizen geplagt, hielt ich es drei Meter vor dem großen WC einfach nicht mehr aus und schleuderte den Kübel hin zu dem großen WC. Daraufhin stürzte sich der Wärter auf mich und prügelte mich in die Zelle zurück. Fortan hieß dieser Wärter für uns: Kibla.

Kibla führte uns zwei Tage später in eine andere Zelle mit der Nummer 19, in der es eine rudimentäre Toilette und fließendes Wasser gab. Außerdem gab es in der Zelle noch vier Baptisten. Drei Tage später kam ein alter Mann, der Brotbäcker Michael Kuhn, hinzu. Wir waren froh, daß wir in dieser Zelle bessere Lebensbedingungen hatten. Unter den Baptisten war auch einer, der in Hatzfeld in meiner Straße gewohnt und später in der SMT gearbeitet hatte. Als er noch an der Schule war, fiel er mir immer auf, da er auf dem Pausenhof andauernd Klimmzüge machte. Im Nachhinein erinnerten mich seine Gesichtszüge an die Kelly-Family. Die Baptisten hielten sich an ihren Glauben und fasteten. Sie hielten sich für die von Gott Auserwählten, und sie ließen dies auch alle anderen spüren. Doch als einer von ihnen beim Fasten eingeschlafen war (es war der Jüngste), schimpften sie: „Wenn Gott seinen Garten säubern würde, wärst du der Erste, der rausfliegt!" („Dacă Dumnezeu şi-ar curăţa grădina, cred că tu ai fi primul!") Ihre Zeit war am 24. April abgelaufen, nachdem sie noch einige Male beim Verhör gewesen waren. Mit dem Jüngsten von ihnen, der noch am zugänglichsten war, spielte ich des öfteren Schach. Dabei versuchten die anderen drei, sich mit allen Mittel einzumischen, um ihm zu helfen. Bis auf ein Remis nützte es ihm jedoch nicht. Wir spielten auch Mühle, und die Baptisten verfuhren dabei ebenso.

Nun wurden sie weggebracht. Einer von ihnen wollte nach Chicago und die anderen drei nach Australien. Sie hinterließen uns Mäntel, die uns zugute kamen, und bessere Schlafstellen. Endlich konnte ich in der Nacht auch mal richtig schlafen. Auch wir wurden mehrfach vernommen und mußten Erklärungen abgeben. Man machte drei Positionsbilder und nahm Finger- und Handabdrücke von uns.

Das Essen war fürchterlich: Morgens, nachdem man uns um sechs Uhr geweckt hatte, gab man uns eine Stunde später Tee oder Malzkaffee, zwei Zentimeter hoch in einer etwa zwanzig Zentimeter messenden Aluminiumschüssel, dazu ein kleines Stück Butter oder Marmelade, oder, wenn wir einen Glückstag hatten, zwanzig bis fünfzig

Gramm Leberpastete und Brot. Es war gutes, frisches Weißbrot von Wecken, in fünf Stücke geteilt. Zu Mittag bekamen wir meistens Eigenartiges: Nieren und Soße, die Nieren waren bestimmt nicht ungewaschen! Oder Fisch, oder getrocknete Bohnen und ähnlich Undefinierbares. Alles war in einem sonderlichen Gemisch zubereitet, welches dem zweiten Durchgang bei einem normalen Essen ähnlich war. Am Abend bekamen wir dann irgendwelche Suppen. Zunächst war das Essen, das immer viel zu wenig war, absichtlich mal zu sehr gesalzen, mal zu sehr gepfeffert oder zu sauer und roch nach Essig. Nach etwa sechs Tagen glaubte ich eine Blinddarmentzündung zu haben. Einen Tag später hörte dieses „methodische" Essen Gottseidank auf, und die Speisen wurden normal zubereitet. Zwischen und auch nach den Mahlzeiten litt ich immer fürchterlichen Hunger. Ich versuchte, ihn durch Ablenkung zu beseitigen, indem ich so viele Partien Schach und Mühle spielte, wie ich nur Partner finden konnte. Ich las stundenlang serbische und italienische Zeitungen und Zeitschriften, und ich versuchte, die Grammatik der beiden Sprachen zu ergründen. Ich zählte die Bretter auf dem Fußboden der Zelle (es waren 69).

Der alte Mann aus Ollerhausen, Michael Kuhn, gab mir des öfteren ein Stückchen Brot, das er übrig gelassen hatte. Er riet mir, aus dem Brot immer kleine Kügelchen zu formen und in den Mund zu schieben, um den Speichel anzuregen. Durch das längere Kauen sollte es mir gelingen, den Hunger zu überlisten. Dies war jedoch selten der

Fall. Der alte Mann hatte einen Sohn in Deutschland. Er hatte sich eines Tages spontan entschlossen, zu ihm zu gehen. Und so machte er sich auf und fuhr mit dem Fahrrad direkt nach der Arbeit aufs Feld. Das Fahrrad ließ er dort liegen und marschierte zu Fuß auf die Grenze nach Jugoslawien zu. Auf dem Weg dahin mußte er durch brusthohes Wasser waten, dabei verlor er seinen rechten Schuh. Solange er ihn suchte, hielt er den linken Schuh in seiner Hand. Als er dann den rechten Schuh nicht finden konnte, entledigte er sich auch des anderen. Unversehens stieß er mit dem Fuß an den Draht einer Leuchtrakete. Zu seinem Glück, ging sie aber nicht los. Taumelnd vor Glück kam er im ersten Dorf in Jugoslawien an und stellte sich sofort der Polizei. Von einem Polizisten bekam er ein Paar gute Stiefel geschenkt. So kam er dann nach Zrenjanin.

Die Zeit verging so elendig langsam, am schlimmsten war der Morgen. Der Nachmittag verging um einiges schneller, denn da betätigten wir unsere gebastelte Sonnenuhr, die uns von früheren Kollegen überlassen worden war. Überall, auf den Wänden, im Schrank und auf dem Schreibtisch entdeckten wir Unterschriften von vorherigen Insassen. Darunter waren sogar die Initialen der Teilnehmer einer Flucht mit einem LKW. Diese waren nach Absitzen der zwanzig Tage Knast von den jugoslawischen Behörden nach Rumänien zurückgeschickt worden. Uns war bekannt, daß diese Leute derzeit in rumänischen Gefängnissen saßen. Diese Tatsache machte uns schon sehr stutzig, was man mit uns machen würde, wenn wir diese zwanzig Tage abgesessen haben.

An jedem Morgen erzählten wir uns unsere Träume. Petrică und ich träumten fast immer von unserer Weitergabe nach Deutschland, nur Hans träumte fast immer von unserer Rückführung: Er sah uns meistens, wie wir von den Jugoslawen an die Rumänen übergeben werden. Die Rumänen stießen uns aus dem Auto, banden uns die Hände auf den Rücken und fingen an, auf uns loszuschlagen und einzutreten. Nach dieser Art „Begrüßung" führte man uns zuerst in die Kaserne und danach ins Gefängnis.

Wir wollten einige Zeit trainieren, um, im Falle einer Rückgabe nach Rumänien, die Schläge, die uns erwarteten, besser verkraften zu können. Dies ging aber nicht, da wir zu wenig Nahrung hatten, und so gaben wir es auf. Wir massierten uns gegenseitig einige Male, da wir in der Enge der Zelle zu wenig Bewegungsfreiheit hatten und uns die Arme und Beine bisweilen einschliefen.

In der ganzen Zeit durften wir vier Mal in dem kleinen Gefängnishof für eine Viertelstunde Luft schnappen. Wir mußten uns dabei ständig im Kreise drehen. An jedem Sonnabend führte man uns in die Duschräume. Wir bekamen fünf Minuten zum Rasieren. Der Wärter stand da und schaute auf die Uhr. Nach Ablauf der Frist schrie er uns an: „Bîrje, bîrje!" („Schnell, schnell!") In dieser Atmosphäre der vollkommenen Ungewißheit und der schlimmsten Befürchtungen verbrachten wir die Tage.

Hans wollte einmal sehen, wer im Hof Fußball spielte. Er schob sich zu dem vergitterten Fenster hoch und sah hinunter. Dort spielten die Wärter gegen die Köche Fußball. Kurze Zeit später sah Kibla Hans' Kopf im zweiten Stockwerk zwischen die Gitterstäbe geklemmt. Er schrie: „Tî!“ (Du!), und nach einer Minute stand er keuchend und schnaufend in unserer Zelle und knallte Hans einmal mit der Innenfläche und einmal mit der Außenfläche der Hand eine runter und bedeutete ihm, er solle es in Zukunft unterlassen, auf das Fenster zum Hof hochzusteigen.

Während des Tages durften wir nicht auf unserer Schlafstelle liegen oder schlafen. Selbstverständlich taten wir dies doch. Als Kibla zur Kontrolle kam, sprangen wir alle schnell hoch und standen gerade. Nur der alte Kuhn konnte nicht so schnell aufspringen. Als Kibla das gesehen hatte, ging er zu ihm hin und stieß ihm mit seinen Knüppel in den Bauch: „Tî spava!“ (Du schläfst!) Kuhn antwortete: „Ne spawa!“ (Nein, ich schlafe nicht.) Kibla gestikulierte wild und sagte ihm, wenn er schlafe, dann bekäme er den Knüppel zu spüren. Dann marschierte Kibla mehrmals vor uns her und stieß mit seinem Knüppel den einen oder anderen in die Seite, wenn ihm dessen Haltung nicht gefiel. Er machte dabei den Eindruck, als würde er dabei scharf über seine neuen disziplinären Maßnahmen nachdenken.

Der Beamte, dem wir unsere Erklärungen abgegeben hatten erlaubte uns, eine Stange Zigaretten zu kaufen. Petrică und ich teilten uns die Zigaretten ein. Alle halbe Stunde durften wir eine rauchen. Wir hofften, daß dadurch ein wenig Zeit verginge und wir unsere Nervenanspannung abbauen könnten. Wir dachten, es würde uns auch ein wenig über den Hunger hinweghelfen. Aber nach nur zehn Tagen hatten wir nur noch drei Päckchen Zigaretten. Bei einer Zelleninspektion bat Petrică den Wärter, der sich seinen Namen „Neandertaler" durch seinen breiten Gang und die rauhe Sprechweise redlich verdient hatte, weitere Zigaretten kaufen zu können. Er erwiderte: „Besch Rumunie, tam mojesch kupili (...)!" („Geh nach Rumänien zurück, da kannst du kaufen soviel du willst!") Wir schwankten dabei, ob wir ihn weiterhin Neandertaler oder aber Porţia (Portion) nennen sollten, denn er hatte die Angewohnheit, uns die Schüsseln mit dem Essen viel zu früh wegzunehmen. Manchmal hatten wir noch nicht einmal die Hälfte davon gegessen. Petrică wurde krank. Er wurde von einem Arzt untersucht und bekam Medikamente wegen einer Art Nierenerkältung. Die Medikamente mußte er immer im Beisein eines Wärters einnehmen.

Vor Langeweile haben wir auch einige Male gepfiffen. Als ich in der Zelle spazierte und gerade in Richtung Tür ging und pfiff, öffnete sich plötzlich die Beobachtungsluke und der Wärter mit den großen Augen, den wir „Bright Eyes" nannten, blitzte mich an. Er öffnete schnell die Tür und zeigte auf mich. „Tî!" „Jetzt", dachte ich, „bekommst du eine Tracht Prügel." Aber als ich vor ihm stand und wartete, deutete er mit dem ausgestreckten Zeigefinger auf den links von ihm liegenden Stoß mit Zeitschriften und Zeitungen. Diese sollte ich reintragen. Ich tat es und dachte, ich käme ja noch ganz gut davon, da schrie er plötzlich wieder „Tî!“ und ich mußte wieder zurück in die Zelle. Er aber sagte mir bloß, daß wir nicht pfeifen dürften, sonst (und er gestikulierte wild mit beiden Händen) drehe er uns den Hals um.

Auf den Wänden trugen wir auch unsere Namen ein, an jedem Abend kratzte ich einen neuen Strich in die Mauer. Es war so, als ob die Zeit gar nicht vergehen würde. Einmal, als die Baptisten noch da waren, verlangte Porția oder Neandertaler von uns, wieder einmal die Eßschüssel früher abzugeben. Ich nahm Schüsseln und Löffel und trug sie schleunigst hinaus. Sie waren alle nur halb leergegessen. Dabei vergaß ich einen Löffel. Als er weg war, legte ich ihn auf das Brett unter dem Aufsichtsfenster. Am Abend kamen dann Kibla und noch ein kleiner, schwacher Wärter zur Kontrolle. Der Kleine sah sich um und entdeckte den Löffel. Dann schrie er Kibla an, der ihm wohl untergeordnet war: „Bîrje!“ („Schnell!“) Er sollte sofort die Zelle durchsuchen. Kibla stellte alles auf den Kopf, die Schlafstellen, den Tisch, den Schrank, und auch in der Toilette sah er nach. Wir standen nun, da dies Kibla besonders gefiel, aufgestellt in Zweierreihen. Kibla spazierte mit dem Löffel in der rechten Hand an uns entlang, in der Hoffnung, den Übeltäter zu entdecken. Da er aber keinen Erfolg hatte, blieb er vor Hans stehen und trug diesem auf, den Schmutz und den Staub in der Ecke mit dem Wasserleitungsrohr zu entfernen, in der Hoffnung einen Fluchtversuch im zweiten Stockwerk mit den einen Meter dicken Wänden und den dicken Eisenstäben zu entdecken.

Eines anderen Abends spazierte Kibla an uns entlang und ließ vor Petrică seinen Knüppel fallen. Petrică bückte sich hilfsbereit und wollte ihn aufheben. Kibla trat ihm auf die Hand, Petrică verzog keine Miene. Langsam, unendlich langsam hob er seinen Fuß und Petrică konnte die Hand wegnehmen. Dann hob Kibla den rechten Fuß und wollte mit der linken Hand den Knüppel aufheben. Dabei geriet er aus dem Gleichgewicht und wäre beinahe zu Boden gestürzt, da er sich nur noch mit größter Mühe aufrechthalten konnte. Wir wären fast explodiert vor Lachen, mußten aber ernste Miene aufsetzen und so tun als wäre überhaupt nichts passiert.

Flüchtlingsauffanglager in Padinska Skela

Am 7. Mai waren es genau zwanzig Tage, die wir im Gefängnis in Zrenjanin waren. Heute müssten sie kommen und uns wegführen. Kuhn war vor zwei Tagen weggebracht worden. Somit waren nur noch wir drei in der Zelle verblieben. Wir bekamen mit, daß zahlreiche andere Insassen im Laufe des Vormittags abgeführt wurden, so daß wir dachten, daß auch wir an die Reihe kommen würden. Aber nein, bis zum Mittag rührte sich nichts, wir wurden dadurch arg mißtrauisch und dachten, daß wir am Nachmittag nach Moraviţa (Rumänien) zurückgebracht würden. Unter großer Anspannung legten wir uns nach dem Mittagessen auf unsere Schlafstellen und grübelten darüber nach, was wohl mit uns geschehen würde. Um 14 Uhr wurde dann unsere Zellentür stürmisch aufgestoßen, und der Neandertaler stürmt herein, scheuchte uns auf, wir sollten uns beeilen und die Zelle verlassen. Wir wurden wieder dorthin geführt, wo man uns vor zwanzig Tagen alles weggenommen hatte, und man gab uns restlos alle Dinge zurück, die uns abgenommen worden waren. Man sagte uns, wir sollten uns freuen, denn sie würden uns nach Belgrad führen. Wir waren jedoch während unserer Gefangenschaft so mißtrauisch geworden, daß wir überhaupt niemandem mehr trauen konnten. Dann legten sie uns wieder Handschellen an, wodurch unser Glauben nicht gerade gestärkt wurde. Wir mußten wieder in das Polizeiauto einsteigen, man band uns wieder aneinander, diesmal in einer anderen Variante. Ich hatte den Kompaß in der Hand, und alle starrten wir wie paralysiert darauf. Zunächst fuhren wir nach Nordosten, das hieß in Richtung des rumänischen Grenzüberganges Moraviţa. Wir waren alle ganz still und sahen uns in die Gesichter, da wir annahmen, daß es nach Rumänien zurückgehen würde, denn wir fuhren bereits zehn Minuten in diese Richtung. Doch plötzlich erfolgte eine scharfe Kurve nach Südwesten. Uns stockt der Atem, und wir schöpften wieder Hoffnung. Als es erst zehn Minuten, dann sogar zwanzig Minuten lang immer noch in diese Richtung ging, atmeten wir ein wenig auf. Nach dreißig bis vierzig Minuten, da es immer noch in diese Richtung ging, verspürten wir eine unbeschreibliche Erleichterung. Plötzlich befuhren wir einen Feldweg. Überrascht sahen wir durch die kleinen Luftlücken hinaus und sagten uns: „Das kann doch unmöglich Rumänien sein." Das Auto hielt an, wir mußten aussteigen. Man brachte uns in das Flüchtlingsauffanglager Padinska Skela, das etwa zwanzig Kilometer von Belgrad entfernt lag. Abermals nahm man uns alle Sachen weg, diesmal jedoch konnte ich meine Hosenträger behalten, denn ich hatte in den zwanzig Tagen gut sieben Kilogramm Gewicht verloren, und ohne Hosenträger hätte ich die Hose beinahe verloren. Man führte uns in einen Raum, der etwa zehn mal fünf Meter maß. In diesem waren fünfundzwanzig andere Flüchtlinge untergebracht. Es gab siebzehn Betten im Raum. Die

Tür wurde hinter uns abgeschlossen. Also wieder hinter Gittern. Der Raum hatte ein WC und einen Waschraum und lag in der ersten Etage. Im Parterre befanden sich die Zellen der jugoslawischen Häftlinge. Als ich aus dem Fenster blickte, tummelten sich diese auf dem Basketballplatz herum. Sie also waren die Gefangenen? Man erzählte mir, daß es da unten einen Marokkaner gab, der einhundertunddrei Jahre alt und hier schon seit Jahren als Dauergast bekannt war. Immer wenn die kalte Jahreszeit anbrach, beging er einen Diebstahl, der ihn hierher führte, wo er trocken und satt über den Winter kam. Zu unserer Überraschung trafen wir auch auf Matz Kuhn, der plötzlich aufgewacht war und uns, als er uns erblickte, freudig begrüßte. Es waren fast nur Rumänen hier, außerdem zwei Afrikaner, ein Bulgare und ein Laote. Zu den Mahlzeiten wurden wir aus unserem Raum herausgeholt und in den Speiseraum gebracht. Das Essen war etwas besser hier als im Gefängnis, und auch die Portionen waren größer, so daß man ziemlich satt werden konnte. Wir richteten unsere Schlafstellen nebeneinander ein und verbrachten die Zeit wieder hauptsächlich mit dem Spielen von Schach und Mühle. Die Steine und Figuren waren, wie im Zrenjanin, aus Brotkrümeln zusammengepreßt. Täglich bekam jeder von uns ein Päckchen Zigaretten, und da Hans nicht rauchte, teilten Petrică und ich sein Päckchen unter uns auf.

Wir kamen mit dem gleichaltrigen Laoten ins Gespräch; er war Student in Ungarn und Karatekämpfer. Wie er dahin gelangt war, wollte er uns nicht erzählen. Da Petrică auch Karate konnte, wollten die Insassen einen Schaukampf sehen. Man bildete einen Ring um die Kämpfenden, und wir hatten etwas Abwechslung. Nach drei Tagen füllte sich der Raum auf fünfzig Personen. Kuhn wurde wieder abgeholt. Man erzählte, daß ein Bus der UNO kommen und uns nach Belgrad fahren werde, oder aber es würde ein Transport kommen, der uns an die Grenze nach Italien fährt und uns dort hinüberlaufen läßt.

Freiheit

Nach weiteren zwei Tagen, am 12. Mai, brachte man uns an einen UNO-Bus und sagte uns, daß wir ab jetzt frei wären. Wir stiegen ein, und zu unserer übergoßen Freude fuhr der Bus tatsächlich nach Belgrad und hielt vor dem UNO-Gebäude an. Hans und mich schickte man zur Deutschen Botschaft, Petrică wurde zur Australischen Botschaft gebracht. Nun waren wir in der Freiheit angelangt, und es hieß, sich zu trennen. Hans und ich verabschiedeten uns von Petrică, und wir versprachen uns, uns zu schreiben und uns wiederzusehen.

Hans und ich wurden im Hotel Astoria einquartiert. Wir bekamen ausreichend jugoslawisches Geld und gingen jeden Tag zur Deutschen Botschaft, wo Herr Zube an unseren „vorläufigen" deutschen Fremdenpässen bastelte. Man sagte uns, wir sollten aufpassen und nicht aus Versehen in die Rumänische Botschaft gehen, die sich neben der Deutschen Botschaft befand, denn dann könnten all unsere Mühen und das, was wir durchgemacht haben, umsonst gewesen sein. Wir hatten unsere rumänischen Ausweise und Paßfotos aus Rumänien mitgenommen. Die zwei Tage Aufenthalt in Belgrad empfanden wir als geradezu fürstlich. Endlich hatten wir ein gutes Bett und normales, ja ausgezeichnetes Essen. Wir spazierten durch Belgrad, was wir wegen der zahlreichen Hügel als sehr anstrengend empfanden. Wir spürten, daß die Gefängniszeit uns sehr geschwächt hatte. Am 14. Mai um 15:40 Uhr standen wir dann im Jugoslawien-Expreß nach Frankfurt am Main. Die Erfahrungen, die wir bisher gemacht haben, bewogen uns dazu, auch noch im Zug nach Frankfurt die Richtung des Zuges mit dem Kompaß zu überprüfen. Fast bis zur Grenze nach Österreich mußten wir stehen, aber in Ljubljana fanden wir endlich Sitzplätze. Um etwa 14:30 Uhr (wir hatten unsere Uhren sofort auf die Zeit in der Bundesrepublik umgestellt) verließen wir Jugoslawien. Bis dahin hatten wir daran gezweifelt, aber als wir die österreichischen Bahnschilder sahen, waren wir beinahe überzeugt, daß wir es geschafft haben. Um etwa 20 Uhr überquerten wir die Grenze in die Bundesrepublik. In meinem Kopf drehte sich das ganze Geschehen des vergangenen Monates wie ein Kreisel. Um 21 Uhr stiegen wir am Münchner Hauptbahnhof aus und fuhren mit einem weiterem Zug nach Nürnberg. Dort erwarteten wir beim Aussteigen, daß man uns wie gewöhnlich Handschellen anlegen würde. Aber dem war nicht so. Als erstes gingen wir im Bahnhof zur Post und gaben ein Telegramm an unsere Eltern auf, mit dem Inhalt: „Sind in Nürnberg angekommen. Stop. Wir leben!" Dann gingen wir, wie man uns geraten hatte, zur Bahnhofsmission, und eine halbe Stunde später holte uns ein Wagen ab, der uns ins Durchgangswohnheim Nürnberg brachte. Dort gab man uns ein Essenspaket und Kleidungsstücke, denn die unsrigen waren nach einem Monat völlig zerlumpt, und ein Zimmer, in dem wir übernachten konnten. Hans und ich öffneten die Essenspakete. Alles war zu unserer Zufriedenheit, bis auf das Pumpernikelbrot. Ich hoffte, daß ich in diesem Land auch anständiges Brot bekommen würde. Dann probierten wir unsere neuen Kleidungsstücke an, sie paßten. Wie in einer Art Besinnungslosigkeit zerrissen wir unsere alten Kleidungsstücke in zentimeterkleine Stücke. Am nächsten Morgen mußten wir in ein paar Büros, um Formalitäten zu regeln. In einem der Büros war auch ein Herr, der sich sehr für unsere Person, für unsere Verwandten in Rumänien und in der Bundesrepublik interessierte, stets in perfekter Höflichkeit. Erst später habe ich erfahren, daß er zum Bundesnachrichtendienst gehörte. Im Durchgangswohnheim von Nürnberg herrschte reger Besucherverkehr. Auch wir bekamen Besuch von einem Hatzfelder, Stefan Ploia, der uns zu sich nach Hause einlud und sehr gut bewirtete. Er zeigte uns auch die Nürnberger Innenstadt. Dies waren für Hans und mich schöne Tage.

Aber auch für Hans und mich war nun die Zeit des Abschieds gekommen. Er wollte zu seinen Verwandten nach Gießen, während ich zu den meinigen nach Freiburg wollte. Wir waren einen langen Weg zusammen gegangen. Wir waren fast fünf Jahre die besten Freunde gewesen, und in dieser Zeit herrschten nahezu absolutes Vertrauen und ein Zusammenhalt zwischen uns, die es erst ermöglicht hatten, daß wir eine solch schwierige Aufgabe wie die Flucht aus Rumänien bewältigen konnten. Aber nun endete, wie sich später zeigen sollte, unsere Sternenfreundschaft, ein Begriff, der von Friedrich Nietzsche stammt. Ich schrieb gut zwanzig Jahre später folgendes Gedicht:

Unsere Sternenfreundschaft

Für meine „Republikflüchtlinge“ Nessy und Hans

Schiffe sind wir
ein jedes mit seinem Ziel und seiner Bahn

das Ziel erreicht
trennten sich unsere Wege

wir erkennen uns
nicht wieder

das liegt
in unserer Sternenfreundschaft

Angekommen

Um 9 Uhr fuhr ich mit dem Zug nach Rastatt in das zentrale Flüchtlingslager für Baden-Württemberg, wo ich um 12:30 Uhr ankam. Als Gepäck führte ich eine Plastiktüte von Aldi mit mir. In Rastatt blieb ich eine Woche. Man teilte mir mit, das Durchgangswohnheim in Freiburg sei überfüllt, ich könne in dem vierzig Kilometer entfernten Lahr/Schwarzwald einen Platz bekommen. Ich mußte einen Deutschtest absolvieren, bei dem ich keinerlei Schwierigkeiten hatte. Horst Redl, ein ehemaliger Schulfreund, besuchte mich und lud mich zu sich ein. Mit einigen seiner Kollegen machten wir einen Fahrradausflug nach Baden-Baden.

Am 27. Mai mußte ich nach Lahr fahren. Begeistert war ich davon nicht. Lahr hatte damals gerade 40.000 Einwohner, und das Übergangswohnheim lag auf dem Altvaterberg. Dies bedeutete, daß man von der Stadt (von mir per Schritt gemessene) neunhundert Meter auf den Berg hochsteigen mußte. Nachdem ich mich erst von Petrică und dann auch noch von Hans verabschiedet hatte, verspürte ich ein Gefühl der tiefen Einsamkeit. Ich war nun wirklich allein in einer völlig fremden Umgebung, in einem mir völlig fremden Land. Ich bekam ein Zimmer zugewiesen, in dem sich noch ein Flüchtling aus Siebenbürgen und ein Aussiedler aus Polen befanden. Ich telefonierte nach Freiburg und teilte der Patentante meiner Mutter mit, daß ich mich in Lahr befände.

In Lahr gab man mir Sozialhilfe, das waren 375,00 DM. Damit konnte ich das Nötigste zum Lebensunterhalt bestreiten. Insgeheim wartete ich darauf, daß man mich ins Übergangswohnheim nach Freiburg brachte.

Da ich nicht kochen konnte, traf ich eine Vereinbarung mit dem Siebenbürger Sachsen Dieter Schwecht: Ich renne den Berg runter und wieder hoch und kaufe ein, während er für das Kochen zuständig ist. Beide waren wir mit dieser Regelung zufrieden. Vom Deutschen Roten Kreuz hatte ich einige Kleidungsstücke erhalten. Die mußten auch mal gewaschen werden. Ich ließ mir rudimentär die Gebrauchsanweisung der Waschmaschine erklären und setzte die Erkenntnisse in die Tat um. Der Erfolg war, daß die Kleidungsstücke, die in der überwiegenden Anzahl rot waren, in der Waschmaschine alle rosa wurden.

Am 30. Mai, um etwa 6 Uhr morgens, rüttelte mich im Schlaf jemand an der Schulter. Ich wurde wach und vernahm die Worte in Hatzfelder Mundart: „Bist du der Mühlroth?“ Ich sagte: „Ja.“ „Möchtest du mit nach Ulm?“ – Ich antwortete: „Ja, warum nicht.“ Es war Ernst Stoffel, der mit Frau und zwei Schwestern, darunter die Patentante meiner Mutter, nach Ulm zum Banater Schwaben-Treffen fuhr. Und so zog ich mein rosa Poloshirt an und fuhr mit nach Ulm. Dort traf ich viele vergessene Hatzfelder Bekannte wieder. Übernachtet haben wir bei dem

Bruder von Ernst, Peter Stoffel. Ich wurde als Flüchtling so warmherzig aufgenommen, man überschüttete mich nahezu mit guten Dingen. Ich fühlte mich gut dabei und war sehr dankbar.

Am Sonntag kletterten Helmut (der Sohn von Ernst) und Ingrid (die Tochter von Peter) auf das Ulmer Münster. Nachmittags gingen wir im Steinheimer Wald spazieren. Es waren Tage des Friedens und der Erfüllung, welche ich diesen Menschen zu verdanken habe, die mir, ohne zu fragen, Gutes taten.

Nach Lahr zurückgekehrt, setzten sich die Probleme fort. Eine unwahrscheinliche Bürokratie herrschte hier. Alles wurde bis aufs Geringste untersucht. Bloß keine Lücke offenlassen. So verfuhr man. Ich empfand dies, mit meinem neu gelernten Wortschatz, als „ätzend". Die Gegend war traumhaft schön. Ich absolvierte zweimal täglich den Trimm-Dich-Pfad und ging zudem noch sehr viel spazieren. Die Nächte jedoch waren schrecklich. Der einarmige Pole mit dem Namen Slanina, ließ den Fernseher bis drei Uhr morgens laufen. Die Fenster waren verschlossen, die Luft stickig, und er schnarchte, als ob er die chinesische Terrakotta-Armee zum Leben erwecken wollte. Er schnarchte, ja er schrie förmlich, so daß es mir durch Mark und Bein drang. Zudem stank es im Zimmer fürchterlich nach Rauch, und gebadet hatte Slanina auch nicht in den letzten drei Wochen. Es war fast so schlimm wie in Padinska Skela.

Eine Woche später besuchte ich meine Verwandten in Freiburg. Dort hatte ich Ruhe, gutes Essen und Gesellschaft. Nach Lahr zurückgekehrt, empfing mich ein den ganzen Schwarzwald zersäbelnder, schnarchender Slanina und ich flüchtete um 5 Uhr morgens auf den Korridor.

Dann sprach ich Dieter darauf an. Auch er wollte aus dem Zimmer mit Slanina raus. Wir beschlossen, mit dem Wohnheimleiter, Herrn Schmidt, zu sprechen und um ein anderes Zimmer zu bitten. Am Freitag sollten wir es bekommen. Ich fühlte mich abermals befreit, als wir ein Zimmer neben dem von Slanina zugewiesen bekamen.

Am 5. Juli fuhr ich zu einem Eingliederungsseminar für junge Aussiedler nach Krofdorf, das von der Otto-Benneke-Stiftung organisiert wurde. Diese hat sich große Verdienste um die Eingliederung von jungen Flüchtlingen und Aussiedlern erworben. Ich muß sagen: „Chapeau! Was ihr geleistet habt, das kann sich sehen lassen! Ihr habt wirklich gute Arbeit abgeleistet. Liebe OBS: Ich danke dir sehr herzlich dafür!“

In Krofdorf habe ich dann fünf Spätaussiedler aus Rumänien getroffen, die mit ihrer Familie ausgereist waren. Wir absolvierten Seminare, die zu unserer Eingliederung beitragen sollten, und zwischendurch besuchten wir Burgen, zu siebent im Auto. Wir sangen zu laut im Bad, wir gingen schwimmen, spielten Minigolf und Doppelkopf.

Am 8. Juli fuhr ich nach Gießen und blieb einen Tag bei Hans. Wir feierten unser Wiedersehen überschwenglich bei Wein, Bier und Fußball. Am Freitag besuchten wir seine Verwandten in Laubach, und am 10. Juli folgte ich der Einladung von Familie Portscher und fuhr nach Kassel. Hans Portscher war der Bruder meines Onkels. Er hatte als Architekt einen wunderbaren Bungalow gebaut, in dem er mir achtzehn Tage lang Unterschlupf bot. Es waren für mich herrliche Tage, in denen ich von seiner Frau, die aus Siebenbürgen kam, sehr verwöhnt wurde. Diese Zeit verbrachte ich geradezu als eine „Rehabilitationszeit" nach der Erfahrung der Flucht und des Gefängnisses in Jugoslawien. Ich habe diese Zuwendung mitgenommen und bin sehr dankbar dafür.

Nach Lahr zurückgekehrt, verbrachte ich eine öde Zeit im Übergangswohnheim. Ich begann damit, die vorhandenen Bücher zu erfassen und zu katalogisieren. Sodann bat ich die Heimleitung, meine Bibliothek, von der jeder Heimbewohner sich Bücher ausleihen konnte, pflegen zu dürfen. An den Wochenenden holte die Patentante meiner Mutter, Anna Maria Stoffel, die in Wittelbach als Lehrerin arbeitete, mich ab, und wir fuhren nach Freiburg. Dort kümmerte sich ihr Bruder Ernst Stoffel darum, daß ich im Herbst zur Schule gehen konnte. Ich entschied mich, gleich in die 13. Klasse zu gehen, denn ich hatte keine Lust mehr auf noch zwei Jahre Schule. Ich erhielt einen Platz im „Sonderlehrgang zur Erlangung der Hochschulreife" am Zeppelin-Gymnasium in Stuttgart. Mitte

August nahm mich Familie Stoffel zu sich nach Freiburg, wo ich einen Monat bis Schulbeginn wohnte. Diese Familie ist etwas ganz und gar Außergewöhnliches: Ich wurde aufgenommen wie ein eigenes Kind, wiewohl ihre Kinder, Helmut und Annemarie, nur Cousinen zweiten Grades für mich sind. Als ich später in Heidelberg studierte, besuchte ich die Stoffels regelmäßig. Einmal kam ich spät am Abend hin getrampt, da sagte mir Maria Stoffel, die Ehefrau von Ernst, daß sie nichts mehr zu essen habe, sie könne mir nur noch Rührei anbieten. Sie hielt dabei eine Packung mit zehn Eiern hoch und fragte, wie viele ich essen möchte. Ich antwortete: „Na, alle …"

In dieser Zeit jobbte ich gut zwei Wochen beim Nachbar der Stoffels, Eddie Constantine, einem amerikanischen Arzt, um mir ein bißchen Geld dazuzuverdienen. Dieser sagte damals zu mir den Satz, der sich mir eingeprägte und der für mein Leben bestimmend war: „Freedom is the freedom to choose." („Freiheit ist die Freiheit, wählen zu können.") Insofern war ich in Rumänien vor meiner Flucht doch nicht ganz unfrei, denn ich habe gerade diese Freiheit besessen, nämlich wählen zu können.

Am 15. September fing die Schule in Stuttgart an. Ich hatte ein kleines Zimmer für diese Zeit gemietet. In der Klasse waren etwa zwanzig Spätaussiedler und ein paar Flüchtlinge aus dem Banat und aus Siebenbürgen und nur eine Schülerin aus der DDR. In dieser Zeit bekam ich von der Otto-Benneke-Stiftung ein Stipendium, das ich neben dem spärlichen Bafög gut gebrauchen konnte. Ich wollte endlich wieder Handball spielen. Ich suchte mir den damals besten Stuttgarter Verein aus. Dies war der TSV Zuffenhausen, der damals hoch hinaus wollte. Bereits beim zweiten Training kam der Verantwortliche Redakteur für den Sportteil der Stuttgarter Zeitung zu mir und lud mich ins Pressezentrum Leinfelden-Echterdingen ein. Nach einer Besichtigung des Pressezentrums machte er mit mir in seinem Büro ein Interview. Zudem schoß ein Kameramann einen ganzen Film auf dem Handballplatz und einen weiteren auf dem Weihnachtsmarkt. Bei den letzteren Aufnahmen trug ich die Zeltjacke von meiner Flucht. Von beiden Filmen wurde jeweils eine Aufnahme gewählt. Nur mit dem Titel des Artikels war ich nicht unbedingt einverstanden: „Deutschstunde mit Lücken". Der Redakteur hatte nicht unbedingt das widergegeben, was ich erzählt habe, sondern eher das, was er wollte: „Ins Land seiner Vorväter zurückgekehrt (…)".

Dieser Artikel erschien an einem Sonntag. Am Montag näherte sich mir an der Schule in der Pause ein Junge und stellte sich mir vor. Er heiße Roland Mühlroth, und er möchte mir die Visitenkarte seines Vaters übergeben, der den Artikel in der Zeitung gelesen habe und mich kennenlernen möchte. Ich war baff. Am nächsten Wochenende lernte ich dann Rosel und Martin Mühlroth kennen. Martin war selbst fünf Jahre zuvor über die Donau nach Jugoslawien geschwommen, er konnte sich aufgrund der eigenen Erfahrung ein gutes Bild davon machen, wie es mir ergangen war. Wir fanden heraus, daß sein Sohn Roland und ich Cousins dritten Grades waren. Aber das war nur eine Formalität. Ich hieß Mühlroth, und das genügte Martin vollkommen, um mich, ähnlich wie bei den Stoffels, vollkommen in die Familie aufzunehmen. Martin fragte mich weiter nach meinen Verwandten aus. Als ich ihm sagte, mein Großvater liege in Hamburg-Bergedorf begraben, da er nach dem Zweiten Weltkrieg zu seiner Frau und den drei kleinen Kindern, offenbar wegen seiner SS-Tätowierung, nicht mehr nach Rumänien zurückgekehrt sei, setzte er es durch, daß meine noch in Rumänien lebende Großmutter eine kleine Hinterbliebenenrente bekam, die sich im Laufe der Jahre angesammelt hatte. Von Martin, dem Anwalt und Übersetzer juristischer Texte, lernte ich sehr viel für meine spätere, eigene Berufstätigkeit.

Im Nachhinein muß ich sagen, daß die familiären Zuwendungen der Familien von Ernst Stoffel und Martin Mühlroth mich einfach überwältigt haben. Ich hatte nicht erwartet, eine derart warmherzige Aufnahme zu finden. Dies war mir eine gute Lehre fürs Leben.

Ernst Stoffel und Martin Mühlroth waren meine wichtigsten Lehrer nach meiner Ankunft in Deutschland. Diese beiden haben sehr viel dazu beigetragen, daß ich nach meiner Flucht richtig Fuß fassen konnte in Deutschland. Beide waren außergewöhnliche Menschen, denen ich viel zu verdanken habe.

Ein Wort noch zu denjenigen, die mir nicht geglaubt haben, daß ich meine Eltern freibekommen habe, ohne die dafür eigentlich notwendigen 8.000 DM pro Person zu bezahlen: Meine Eltern kamen als „Härtefall“ frei. Sie gehörten zu den fünf Fällen, die monatlich freikommen konnten. Ich hatte beim DRK und beim Caritasverband interveniert. Der Vater meiner damaligen Freundin war sehr einflußreich und erreichte es, daß ich mein Anliegen bei Pater Wallisfurth vortragen konnte. Deshalb möchte ich all denjenigen versichern, die mir nicht geglaubt haben: NEIN, ich habe NICHT für meine Eltern bezahlt. Woher hätte ich das Geld auch nehmen sollen als Student?

Abschließend sei mir noch ein Wort zu meinem Vater gestattet: Mein Vater war derjenige, der mich für mein Leben nachhaltig prägte. Ihm habe ich das meiste zu verdanken. 1985, mit dem Fahrrad auf dem Weg zur Uni in Heidelberg, fiel mir folgendes Gedicht ein, das ich dann in der Mensa niederschrieb. Es enthielt in nuce meinen Weg, den er mir bereitet hat, indem er mir ein guter Vater war.

zäuneschweigen

I.

Lausche
dort ist stille

es ist dunkel
hell und dunkel

an den zäunen
hängt der frost

eine eisenbahn
in meinem traum

wer versteht sie schon

sprich nicht
wo leben ist
denn sagen
heißt trennen

ich bin müde
vater
was ist diese stille

gehörst du zu den ungeborenen

zäuneschweigen
vater
es wachsen deine schritte

vergehen
schweigebild
fühle es
in deinem haupte

sanft zerfließen
vergehen vater
fühle
vergehen

II.

du hörst mich nicht
zu weit ist alle zeit
und trauer ist die kruste
um das schweigen

du weißt es nicht
warum du frierst
die zäune vater
sind anders als du denkst
es ist nicht starre
die der blitz erschlug

dort wo es blutet
du wirst sehen
vater

Fotos von 1999 vom Ort des Geschehens

Die überwucherten Gleise. Hier führte unser Weg entlang in die Freiheit.

Hier war die Absprungstelle zwischen Ceramica und Pannonia-Mühle

An diesem Mauerrest, der 1982 eine hohe Mauer darstellte, standen wir vor dem Absprung.

Hier hat es stattgefunden.